保育者だからできるソーシャルワーク

子どもと家族に寄り添うための22のアプローチ

川村隆彦・倉内惠里子　著

中央法規

はじめに

　保育者の専門領域は年々、拡大しています。何より重要なことは、子どもたちを養育することですが、その子どもたちに変化が起こっています。つまずきやすい、落ち着きがない、上手にコミュニケーションできない等の問題を抱える子どもの比率が増えてきました。保育者は、このような子どもたちと効果的にかかわるための手がかりをいつも探しています。

　また、子育ての悩みに加えて、深刻な事情を抱える保護者も増えてきました。子どもが発達障がいを抱えている、ネグレクトや虐待を行っている、貧困や精神疾患などに苦しんでいる、孤立している等の家族と保育者は向き合わざるを得ない立場にいます。

　このように専門領域が拡大しつつある保育者に対して、本書では、保育者が活用できるソーシャルワークの5つの力─「コミュニケーション力」「アセスメント力」「問題解決力」「アウトリーチ」「自己肯定感」を提供しています。この5つの力の中に、私たちは対人援助の専門的な理論やアプローチ22項目を散りばめ、事例、質問、解説等、研修で学べる演習素材を盛り込みました。以上のことから本書は、現在養成校で学習している方々から実践者の方々まで、幅広く手に取り、活用いただけると考えています。

　執筆にあたっては、長年、保育の現場でさまざまな経験に向き合ってきた倉内と、臨床ソーシャルワークを専門とする川村がよく話し合い、協力して進めてきました。二人が一つひとつの保育場面に真摯に向き合う時、保育、心理、ソーシャルワークの領域が何度も共鳴し、より深い洞察を生み出すことができたと実感しています。

　本書を作るにあたっては、中央法規出版第一編集部の3名の方々から力をいただきました。企画の段階では有賀剛氏の力を借り、その意志は小川希氏に引き継がれ、最後、平林敦史氏がアンカーとして難しい仕事を粘り強く請け負ってくださいました。新しい試みは試行錯誤の連続であるため、時には落胆したり、衝突することもありましたが、最後まで見守ってくださったことに感謝しています。

　本書を手に取ってくださる皆さん一人ひとりが、この本を通して少しでも高められ、力づけられること─それが私たちの唯一の願いであり、また最高の喜びです。

　心からの感謝を込めて──。

執筆者　川村隆彦、倉内惠里子

目 次

はじめに

序章
保育者とソーシャルワーカーが一緒に考えた 005

第1章
コミュニケーション力―あらゆる人々と信頼を築く 015
- 01 ● ありのまま受け入れる―クライエント中心アプローチ 016
- 02 ● よく聴き、共感する―クライエント中心アプローチ 022
- 03 ● 相手の状態に応じて、対応を変化させる―交流分析 028
- 04 ● I am OK, You are OK―交流分析 036
- 05 ● 自分の気持ちや主張を上手に伝える―アサーティブネススキル 044

コラム1 050

第2章
アセスメント力―人と問題の本質を正確に見極める 051
- 06 ● 人と環境を捉える―エコロジカル・アプローチ 052
- 07 ● ライフヒストリーから自分と他者を深く理解する
  ―ライフヒストリーの視点 060
- 08 ● ストレングスを見出し活用する―ストレングス視点 068
- 09 ● 家族やチームをシステムとしてみる―システムズ・アプローチ 076

コラム2 083

第3章
問題解決力―自信をもって人々を助け、人生に寄り添う 085
- 10 ● 物事を肯定的に捉え直す―認知理論 086

11 ● 適切な行動・習慣を増やす─行動理論（応用行動分析）⋯⋯094
　　12 ● ワンステップずつ解決する─課題中心／解決志向アプローチ⋯⋯102
　　13 ● 物語（ナラティブ）を使った解決─ナラティブ・アプローチ⋯⋯112
　　14 ● 危機や喪失を経験している人を支える─危機介入／グリーフワーク⋯⋯120
　　15 ● 教え、心を動かす原則とスーパービジョン─教授法／スーパービジョン⋯⋯128
コラム3 ⋯⋯ 137

第4章
アウトリーチ─手を差し伸べ、専門職や住民と連携する ⋯⋯ 139

　　16 ● 孤立する家族へのアウトリーチ─アウトリーチ⋯⋯140
　　17 ● 地域の機関・施設・専門職との連携─チームアプローチ⋯⋯148
　　18 ●「子どもの声」を地域に取り戻す─コミュニティワーク⋯⋯156
コラム4 ⋯⋯ 163

第5章
自己肯定感─自分と他者の価値を尊ぶ ⋯⋯ 165

　　19 ● 愛着の絆を強めるスキンシップ─アタッチメント理論⋯⋯166
　　20 ● 自己イメージを高める輝くコトバ─セルフ・エスティーム⋯⋯172
　　21 ● 仲間と協力する体験・自分だけの役割─セルフ・エスティーム⋯⋯180
　　22 ● グループでの目標と努力・達成感─グループワーク⋯⋯186
コラム5 ⋯⋯ 193

おわりに

序章

保育者とソーシャルワーカーが一緒に考えた

「保育者のための研修を依頼されたけど、何を教えたらいいかな？」

　この言葉が、私（川村）と倉内が本書を書くきっかけでした。

　倉内は早速、ノートに自筆でぎっしりと「今、保育の現場で起こっていること」「子どもや保護者の様子」「同僚や先輩、そして自分自身の喜び、葛藤」などを書き送ってくれました。

　読んだ私は、自分の無知を恥じました。保育という仕事がよくわかっていなかったのです。そこに描かれていたのは、子どもたち一人ひとりを支える姿、また子育てに試行錯誤する保護者をすぐ隣で支える姿でした。

　子どもたちを通して、家庭のすべてが見えていました。貧困、虐待、ネグレクト、離婚、精神疾患、発達障がい……家族が直面し、苦しむ姿の縮図がありました。今、保育者は、子どもを預かり一緒に遊び、楽しい思い出を作るだけではない。その奥にとてつもない闇があり、解決を願う人々と問題が横たわっていることに気づいたのです。

「保育者は、どうやって、数々の問題に対応しているのだろう？」

　私はすぐに倉内に尋ねました。「こんなに問題がたくさんあるのに、保育者はどう対応しているの？」。最初はメールでのやりとりでしたが、やがて、話を実際に聴く必要があると思い始めました。そこで彼女を訪問し、ボイスレコーダーのスイッチをONにして、自由に語ってもらったのです。

「保育って何だろう？…と私たち世代は考えます…」という言葉から始まり、昔捉えていた保育にスムーズに入れず苛立つ保育者の姿、イライラしている子どもの危機、子育ての伝承がなされていない親や家庭、登園拒否したくなっている保育者自身の苦悩等が語られました。

もちろん彼女は、「子どもに元気を渡せば親に渡っていく…子どもを通した保護者支援」についても熱く語ってくれました。

「10代で出産、離婚し、誰ともどこともつながっておらず、スマホの世界だけで生きている親たち…園に来なかったら、彼らはどうなっていたのか」と問いかけ、「この親子と出会い、『大丈夫だよ』って言える自分になりたい」とも話してくれました。

その後、私たちの話題は愛着、発達課題、親の育ち直しの問題、甘えを許されなかった保育者の自分への気づき…と進み、すべての大人を包み込む子どもの力について語り合いました。

私は、倉内の語りから多くのことを学びました。とりわけ保育者が、今どのような仕事をしているのか、また、しなくてはならないのかを深く理解することができました。

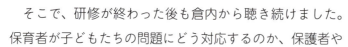「保育者とソーシャルワーカーは一緒に何ができるだろうか？」

研修を依頼された教員として、私は保育者たちと一緒に、何を考えたらよいのかがわかってきました。そしてその時、私は一人のソーシャルワーカーとして、何をしなくてはならないのかも理解しました。

そこで、研修が終わった後も倉内から聴き続けました。保育者が子どもたちの問題にどう対応するのか、保護者や同僚たちの問題に対してはどうか？　そして聴きこんだことをまとめ、整理し、積み上げていきました。

その時、不思議なことに気づきました。私には、保育者がソーシャルワーカーに見えてきたのです。それも、熟練したソーシャルワーカーであるとさえ思いました。その頃はちょうど「保育者にはソーシャルワークの知識やスキルが必要」とさかんにいわれていた時期でもありましたが、それには違和感を覚えました。なぜなら、専門家が言っていたことは次のような意味にとれたからです。

「保育者は、子どもだけでなく、かつてなかった家族や地域社会の問題とも向き合い、

解決しなくてはならないのだから、これからはソーシャルワークを学ぶべきである。特に、保護者支援は重要な仕事である」

　私が聴いて知った保育者は、すでに数々のソーシャルワークを駆使し、保護者を支援し、家族を支え、地域とのかかわりをもっていました。ですから率直に感じたのは、「保育者の本当の姿を知らないので、ずいぶんと上から目線になってしまったな」ということでした。
　これはソーシャルワーカー側、あるいは出版社側にもいえることです。最近は、保育者に「ソーシャルワーク」を教えよう！　という考えで執筆し、出版している本が増えてきたように思いました。しかしそれでは、保育者の真の姿を捉えきれておらず、保育者が最も大切にしている共感性をもっていないと感じたのです。
　このことから私は、保育者とソーシャルワーカーが一緒になって何かを作り上げ、それを提供していくことが重要だと思うようになりました。こうした思いをカタチにしたのが本書です。

これは保育者とソーシャルワーカーが一緒に考えた本である

　長い説明になりましたが、最も大切なことを最初にお伝えしました。つまり本書は、保育者である倉内と教員でソーシャルワーカーの川村が一緒に考え、作り上げた本なのです。
　倉内は長く保育の現場で働き、保育心理についても学び続けています。彼女がいなければ、この本を作ることができませんでした。本書の根底には、彼女の数十年にもおよぶ実践経験があります。
　私の専門は臨床ソーシャルワークで、実践者のためにこれまで何冊か本を書いてきました。特にソーシャルワークや心理の理論、アプローチを専門としています。私たち二人が力を出し合うことで本書が生まれました。

「私たちのやっていることは、そんなにも専門的なことだったんだね」

　私と倉内は、何時間も話し合いました。彼女が保育についての実践を語り、私はそれに対して「どのように対応してきたのか」と尋ねました。耳を傾けた後、保育者が駆使しているスキルが、どの理論、どのアプローチであるかを知らせました。すると倉内は、「私たちのやっていることは、そんなにも専門的なことだったんだね」と話しました。

保育者の日々の実践に耳を傾け、感銘を受けたのは、彼らの実践スキルの高さです。また、専門的な理論やアプローチに根づいてかかわっていることが多いのですが、そのことに気づいていない人が多いことも知りました。そのため、自分のかかわりが不安になったり、うまくいかずに落ち込むこともあるとわかりました。

そこで私は、保育者の実践を丁寧に聴き取り、その中に含まれる理論やアプローチを見える形にして、わかりやすく届けようと思いました。保育者に、彼らの実践がいかにすばらしいか、どんなに専門的な理論やアプローチのエッセンスに合致しているかを伝えたかったのです。「あなた方がやっている何気ない仕事の中にこそ、すばらしい実践があるんだよ！」と。

子どもや家族と向き合う最前線に立っている！

まぎれもなく保育者たちは、子どもや家族と向き合う最前線に立っています。子どもたちを通して、家族の様子がわかります。子どもは家族支援の入口なのです。だからこそ、子どもの力を強めることで、家族が強くなる。子どもを通して、家族を強める。そうした考えが本書にはあります。

私たちは、子どもや家族の力を強めることこそ、保育者が働く理由であり価値、目的だと考えています。そしてそれは、未来をつくることなのです。そう思いませんか？

私たちは、子どもや家族と向き合う最前線に立つ保育者の力を強めることが大切だと考えています。その思いを純粋に胸に秘め、保育者である倉内とソーシャルワーカーである私が一緒に考え、ただひたすらに積み上げてきたのがこの本だと知ってほしいのです。

「ソーシャルワークの5つの力って？」

保育者の実践を聴き取った私（川村）は、それらを「ソーシャルワークの5つの力」に分けて説明することにしました。ここではまず、ソーシャルワークとは何か、そしてソーシャルワークの5つの力について説明します。

ソーシャルワークとは何か

シンプルに言うなら、ソーシャルワークとは「あらゆる状況に苦しむ人々の問題を解決する方法」です。

幼い子どもから大人、高齢者に至るまで、生きている限り、人はさまざまな状況を経験し、苦しむことがあります。その中には、病気や障がいもあります。また災害や愛する人の死に直面することもあります。さらに偏見や差別を受け、地域で孤立することもあります。あらゆる人々が問題を解決し、地域の中でともに理解し助け合える社会が理想ですが、現実にはそうした社会から置き去りにされる人々もいます。彼らとともに彼らの問題を解決する方法、それがソーシャルワークだといえます。そして、ソーシャルワークを行う人を「ソーシャルワーカー」と呼びます。

ソーシャルワークの5つの力

私は、ソーシャルワークを支えるスキルを「5つの力」として考え、ソーシャルワーカーがどんなスキルをもつべきか、どんな力を発揮するべきかをまとめました。

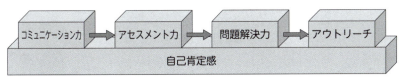

●ソーシャルワークの5つの力

❶コミュニケーション力

ソーシャルワーカーは、人々の困難を理解し、問題解決を助けようとします。そのためにはまず、人々と出会い、語り合う力が必要です。それがコミュニケーション力です。あらゆる人々と信頼関係を築くことが何より大切だと考えているのです。

❷アセスメント力

次にソーシャルワーカーは、出会った人々とその環境（家庭環境、仕事環境等）をよく知るためにアセスメントをします。人と環境を分けて考える力、その人のもつ強さを見出し、奥行きを見る力などのスキルを駆使します。

❸問題解決力

その後ソーシャルワーカーは、問題解決のために働きかけます。人々の考え方、行動、心理に働きかけ、小さなかかわりから大きな変化を起こそうとします。時には喪

失や悲嘆と向き合うこともあります。また同僚同士、あるいは新人に教え、スーパービジョンをする必要もあります。

❹アウトリーチ

ソーシャルワーカーの働きかけは、個人にとどまりません。個の視点をもちつつ、働きかけの場は家族、グループ、そして地域へと拡大していきます。地域には、問題を抱え行き場を失っている人々がいます。彼らをどのように探し、手を差し伸べるかもソーシャルワーカーの大切な仕事です。もちろん彼らを見出し助けるには、地域にいる多くの専門職、地域住民とも手をつなぎ、チームとして働くことが必要となります。

❺自己肯定感

これまで述べてきたソーシャルワークを行うには、「自己肯定感」という土台を必要とします。これはおそらくソーシャルワーカーだけに限らず、あらゆる支援者に共通する基盤だと思いますので、本書では最後にとりあげました。

保育とソーシャルワークが共鳴する

私は、倉内の語った保育者たちの実践を、これまで挙げたソーシャルワークの5つの力にまとめ、整理しました。そして、保育者が実践している場に合わせた理論やアプローチのエッセンスを絞り出してみました。そうすることで、ソーシャルワークと保育が共鳴していることを実感できました。

保育者は、人々の問題解決を助けます。悩み苦しむ人々と出会い、語らい、信頼を築こうとします。その人自身と環境を捉え、問題の本質を正確に見極めるためにアセスメントをします。その後、自信をもって人々を助け、彼らの人生に寄り添うためにさまざまな働きかけをします。その働きかけは、個から家族、グループ、地域社会へと広がっていきます。時には孤立する家族を探すためにアウトリーチし、専門家や地域住民と連携します。そして、保育者の根底にある「自己肯定感」を強めることで、それらの力はさらに強くなるのです。

このような力は、保育者の実践の中にすでに見出せることでしょう。それらを一つひとつ確認していくことで、保育者は自分の力を新しい場所から眺めることになるのです。

「ソーシャルワークの5つの力を握りしめよう」

本章に入る前に、ちょっと一息入れて、活動を一緒にやってみましょう。このことが、きっとあなたの記憶に留まるだろうと思います。

まず、左の手を大きく開いてください

その手を見つめるとき、5本の指が見えます。その指1本ずつに、ソーシャルワークの5つの力を置きました。

あなたはすでに、これらの力を自然と使ってきたかもしれません。あるいは、自分に足りないと探し求めていたかもしれません。いずれにしても、私たちはあなたに、この5つの力を確実に手にしてほしいのです。

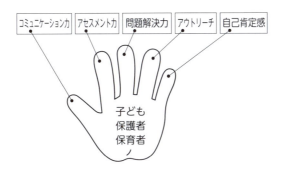

今度は「手のひら」を見てください

そこに「子ども」「保護者」「保育者」という言葉が刻まれています。あなたが5つの力を学ぶのは彼らのためだということを忘れないために刻まれています。そのことを覚えておきましょう。

その手を握りしめてみましょう！

どうですか？ 5つの力が、手のひらに刻んだ人々に伝わってくる気がしませんか。

握りしめたこぶしをそのまま左胸に当てましょう。その力が、今度は心に入り込み、身体中に広がっていきます。その瞬間、あなたは安心感、心地よさ、またちょっぴりの自信を感じるでしょう。

この5つの力はあなたの中にあります。ならばそれを確認

してみたいし、もっと深く学びたいと願います。この5つの力を学ぶことで、あなたは「子ども」「保護者」「保育者」たちのために、自信をもって働くことができるでしょう。

最後にもう一度手を大きく開き、見つめてみましょう

親指から順番に拡げながら、5つの力を言葉にしてみます。全部言えましたか。もし言えたならば、「5つの力」を学ぶ準備ができてきました。

手のひらを握りしめていた保育者を忘れない

娘と同じ園のクラスに、発達障がいの男の子がいました。行動が突飛で急に暴れ、手に負えないことも多々ありました。担任の綾子先生は、この子と母親の両者にいつもかかわり、サポートしていました。

卒園が近くなり、子どもたち全員に将来の夢を語ってもらい、ビデオに録画したところ、この子は大きな声で担任の名前を呼び、「僕は綾子先生と結婚します!」と宣言したほどでした。

卒園後、小学校の入学式があり、担任が代表として招かれました。式の最中、突然この子が一人で立ち上がり、ピストルで撃たれる映画のシーンを演じ始めました。小学校の先生方に動揺が走りました。

その瞬間、ほとんどの人は招かれた綾子先生を見ていました。先生は自分の手のひらを強く握りしめています。その子を見つめ、腰は椅子から浮いて、今すぐにでも助けにいくためにダッシュできる体勢で構えています。その瞬間私たちは、綾子先生ほどこの子を理解し、どうすればいいかわかっている人はいないと確信したのです。

私は、子どもの姿を見つめながら手のひらを強く握りしめていた綾子先生の姿を忘れません。彼女の拳の中には、何年もの間自分が育ててきた子どもの名前が彫り刻んであったのだと思います。

誰かにとっての大切な保育者になる

序章では、この本を作ってきた私たちの思いを伝えてきました。最後に、保育者とソーシャルワーカーが、今回なぜそれほど一緒に考えることができたのかをお伝えします。それは、私たちが「きょうだい」だからです。私は3人きょうだいで、姉と妹が保

育士です。倉内は私の妹です。

　小さい頃、私と妹は家のすぐ後ろに保育園がありながら、保育園に行きませんでした。それは、祖父母と母が家にいたからなのでしょう。町で入れなかったのは、私たちのほかは数人だけでした。

　ですから、私たちにとっての保育者といえば、姉の「典子」と母親の「のぶ」でした。姉は長女として、私や妹をいつも支えてきました。倉内はよく「私が保育者を目指したのは姉の影響があったからだ」と話します。

　母親は、幼い頃からきょうだいたちの面倒をみるため、学校に行けませんでした。結婚後は、私たち子どもの世話に明け暮れ、晩年は自分の母親、夫の母親を看取りました。そして今は、夫の介護を続けています。

　姉と母親の二人は、私たちにとってかけがえのない保育者であり、私たちの自己肯定感は、彼女たちが養ってくれたものなのです。

　ですから、私と倉内が作ったこの本を、私たちにとってかけがえのない保育者である姉「典子」と母親「のぶ」に捧げることをお許しいただければと思います。

　そして私たちは、この本を「将来、誰かにとっての大切な保育者になりたい」と願い、日々戦っている保育者たちに捧げます。きっと皆さんに養われた人々は、将来、皆さんを称賛することでしょう。

　どうぞ、本書を手に取って読んでください。次の章から始まる本書の内容が、皆さんの日々の実践に力を与えることができるよう、心から願っています。

●本書に登場する人物（Profile）●

第1章
コミュニケーション力

あらゆる人々と信頼を築く

　気弱で自分を上手に説明できない人、荒々しい言動でしか気持ちを表せない人、情の深い人、言葉に敏感な人、事務的な人、天真爛漫な人……あなたは、彼らと思いを通わせることができますか。

　本章では、言葉と態度の両方で相手を受け止め、よく聴き、共感する方法を学びます。また自分を上手に主張し、相手の主張も受け止める方法を探ります。そして相手がどのような状態にあるかを見極め、「自分もOK、相手もOK」の関係性を目指します。これらの方法を学ぶことで、あらゆる人々と信頼関係を築くことができます。

01 ありのまま受け入れる
―クライエント中心アプローチ

さくら先生

誰もが、人から良い悪いの評価を受けず、ありのままに認められたいと望んでいます。どうしたら保育者は、人々をありのまま受け入れ、彼らに寄り添うことができるのでしょうか。

Storyを分かち合う

さくら先生は、恩師の葬儀で、娘さんが思い出を語るのを聞いた。
「若い頃、家出をしました。そんな私に母は連絡をくれて『どんな状態でもいいから、戻っておいで』と言ってくれました…。母は、私に何があっても、どんなに状態が悪い時でも、いつでも無条件で受け入れてくれる人でした。そのことがわかっていたので、私は家に戻ったのです。母は怒りに任せて、子どもを叱りつける人ではありませんでした。いつも優しく、私のすべてを受け入れてくれる人でした」

話を聞いた後、さくら先生は、恩師の遺影に向かって、改めて感謝の気持ちを伝えた。

「確かにあなたは、私のありのままを受け入れ、いつも期待してくれました。その居場所がどんなにかけがえのないものだったか、今になってわかります」

原則を学ぶ

ありのまま受け入れるとは、存在価値を認め、守り、伝えること

家出した娘は、自分を本当に理解してくれる場所を求めてさまよいました。母は、

「どんな状態でもいいから、戻っておいで」と娘の存在価値を認め、守り、彼女が大切な存在であることを伝えました。このことが、娘をあらゆるものから守り、忘れがたいほどの力を与えたのです。

ありのまま受け入れるとは、人の存在価値を認め、守り、伝えることです。日ごとに変わる言葉や態度、行動、感情に左右されず、「その人が大切な存在である」ことを確信し、相手にそのことを伝え続けるのです。

ありのまま受け入れるには、存在価値と不適切な言動を分けて教える

ありのまま受け入れるとは、不適切な言動を大目に見ることではありません。受け入れるのは「存在価値」であり、暴言や暴力ではないからです。

さくら先生の家では、よく子どもたちがきょうだい喧嘩(げんか)をしました。その時、やんちゃな子どもを呼んで、次のように言ったものです。

> 「あなたはすばらしい人だし、大好きだよ。
> でもね…あなたがやっていることは、よくないことでしょう」

このように、相手の存在価値を認めると同時に、言動が不適切であることを教えるとよいのです。喧嘩して泣いている子どもに「あなたはどういう人?」と聴くと、涙をボロボロ流しながら、「わかっているよ…すばらしい人だろ」と言っていた姿を、さくら先生は今も懐かしく思い出します。

受け入れ続けることが、堅固な信頼を作り出す

さくら先生は、恩師がずっと子どもたちのありのままを受け入れてきたことを思い出しました。子どもたちもそのことを知っていたので、どんなに暴れても、ひねくれた態度になっても、抱きしめようとする先生を拒否しませんでした。繰り返し、ずっと受け入れ続けたことで、堅固な信頼があったのです。

どんな子どもたちでも、彼女の腕の中に入ると、尖(とが)った心が和らぎ、怒りが収まり、周りが敵ではなく、仲間だとわかるのです。その模範から、ありのまま受け入れることは、何か大きな1回の行動ではなく、小さいけれど繰り返し示すべき態度だとわかります。

ありのまま受け入れることは、無条件で一貫した態度

大切なのは「もし良い子ならば受け入れる」という条件付きではなく、無条件ということです。それは子どもたちが、不機嫌で攻撃的な時も、愉快に笑って騒ぐ時も、変わることなく同じように腕を広げて受け入れ、寄り添うことです。

相手の状態によって変わらないということでは、保育者は堅い壁のような存在に似ています。子どもたちがどんな強さでぶつかってきても、壁は一貫しているので、その強さに応じて気持ちを返すことができます。そのような体験から、子どもたちは安心して、自分のありのままを出すことができます。表面的に優しいか厳しいかではなく、一貫して肯定的に受け入れることを目指しましょう。

相手の見ている現実の世界を想像し受け入れる

人は「独自の世界」に生きているため、そこで経験していることを完全に理解できるのは「本人」しかいません。ですから「相手が今、どんな世界で何を見ているのか」を想像し、そのありのままを受け入れる必要があります。

子どもたちが感情を爆発させ、泣き続けているのを見たことがあるでしょう。その子は、孤独な世界で一人ぼっちです。周りはみんな自分を責めようとする敵で、自分を守るためには「泣き叫ぶしかない」と考えたかもしれません。

あなたがその世界を想像できた時に初めて、子どもたちがいる世界、話す言葉、行動の意味が理解できます。すると、次第にその子のありのままを受け入れたいという気持ちが湧いてきます。

私たちの不安は、現実の世界と理想が離れすぎている時に生まれます。「本当はもっと良い自分でありたい」のに、現実の自分はそこに届かず、つらい気持ちになるのです。そんな時、あなたがありのままを受け入れるなら、子どもたちは自分の現実や弱さと向き合い、それを受け入れる力が増し、不安が解消していくのです。

 あなたが気づいた「大切なこと」を書きとめよう

無関心ではないが、子育てがわからない母親を受け入れ、寄り添う

　3歳を過ぎても、その子は大声で泣き続けるだけで、自分の気持ちを伝えることがない。母親は叱ったりなだめたりせず、「○○してはいけません♪」「○○できたらおりこうさん♪」と、テレビ番組の真似をして歌い、ただうろたえるだけ。子どもは、困らせることで親を試しているのに反応がないことで、さらに怒りを爆発させていた。

「子どもに気に入られようとしているのか、それともそれが良い母親だと思っているのか…」。さくら先生は、母親の見ている「現実」を想像してみた。すると、

「なぜ私を困らせるの？　どうして言うことを聞いてくれないの？　かわいがりたいのに、子どもがわからない」

そんな心の叫びが聞こえてきた。

そこでさくら先生は、母親のありのままを受け入れようと決めた。「子育てはわからないことだらけで、私たち保育者も悩んでいる」、そんな気持ちを伝えながらかかわってみた。

しばらくすると、連絡ノートに「私が小さい頃、母は亡くなった…」と書かれてあり、さくら先生は衝撃を受けた。

「母が亡くなって孤独だった。悩みを人に話したことがない。だからネットに頼るしかなかった。でも子育ての方法はわからなかった」

母親が初めて示す生の感情に、胸が締め付けられる思いがした。そこで、「わからなくてもいい、楽しみましょう」と声をかけると、母親は何度もうなずいていた。

やがてその親子には、口喧嘩をしたり笑い合うなど、素直な感情がみられるようになった。さくら先生は、孤独から希望への一歩を踏み出せたと感じた。

1. 子どもが大泣きしても何もできず、うろたえていた母親の気持ちを考えてみよう。
2. 母親の見ている「ありのままの現実」を他にも想像してみよう。何が見えてくるだろうか。
3. なぜ母親は、自分の母親が死んだ話をしたのだろう。さくら先生が衝撃を受けたのはどうしてか。また、なぜさくら先生は一歩を踏み出せたと感じたのだろうか。

もしあなたが何の知識もなく、一人だけで初めての子どもを育てるとしたら、その不安はどれほどのものでしょう。がんばろうとしてもうまくいかず、相談できる人もいない。この母親はきっと、不安でたまらなかったはずです。

さくら先生は、母親の「ありのままの現実」を想像し、近づこうとしました。その時初めて、彼女の孤独感や自分の現実と必死で戦う苦しみを感じることができました。この経験を経て、さくら先生は、母親のありのままを受け入れ、その姿に寄り添うことを決心したのです。このように、まずは相手の見ている現実を想像することが必要です。

ありのまま受け入れることは、小さいことではありません。この母親にとって、つらかった「母の死」を打ち明け、誰にも頼れなかった苦しさを外へ出す力さえもたらしました。それが母親が初めて示す生の感情だったことで、さくら先生は衝撃を受けましたが、同時に、苦しさを乗り越えられる可能性も感じとりました。やがて母親は心が軽くなり、子育ての助言を受け入れることもできました。そしてその力は、子どもにもおよんでいくのです。

小さな実践

安希ちゃん（2歳）は登園しぶりが始まり、家から大泣き、大暴れ。
「ママはお仕事」「絵本読もう」なども聞き入れない

「心の中にはママしか見えないのだから、押さえ込むより、出してあげよう」と担任は考えました。そこで、窓やドアを開けて「ママ〜、ママ〜！」と叫んで捜しました。安希ちゃんは驚いていましたが、泣き止んで一緒に叫びました。

「いないね…」と、安希ちゃんは担任にしがみついてきま

した。ママを求める気持ちを身体で受け止めようと、担任は安希ちゃんをぎゅっと抱き締めました。登園しぶりはその後1週間ほど続きましたが、「ママを捜そうね」と言うと、泣き叫ぶことなく腕の中に入ってくるようになりました。

加奈ちゃん（3歳）は毎朝、保育園の玄関で「あつこ〜、あつこ〜」と母親の名前を呼び続ける。なだめても、泣き声がどんどん大きくなるばかり

加奈ちゃんの性格をよく知っている担任は、「はーい、私があつこですよ」と返事をします。すかさず別の先生が「いやいや、私があつこです」と会話に入ってきます。そしてもう一人が「とんでもない！ 私があつこですよ」と登場する時には、もう加奈ちゃんもニヤニヤ笑い出していました。

「あつこいないよ…」と言われた時には、みんなで大笑いになっていました。加奈ちゃんと信頼関係ができている先生たちだからアドリブでも息がぴったりなのです。

 あなたが実践してみたいことを書き込んでみよう

　子どもたちは「良い悪いの評価」を受けずに、ありのままの自分を受け入れてもらいたいと切望しています。どうか、そのような居場所を提供してください。彼らはそこで十分に自分を理解し、自分と相手を受け入れる力、そして問題を解決する力をもつようになるでしょう。ありのまま受け入れるとは、小さなことの繰り返しであることも覚えておきましょう。

02 よく聴き、共感する
―クライエント中心アプローチ

勇太先生

悲しかったり不安な時、その感情の根に耳を傾け、言葉や態度で深い共感を示すと、相手の心は和らぎ、あなたへの信頼が増します。では、どうしたらもっと相手の話をよく聴き、共感できるのでしょうか。

Storyを分かち合う

勇太先生の幼い頃、保育園での思い出。

朝、機嫌が悪く、一人で遊んでいた時、友だちの陸がちょっかいを出してきた。

「あっちいけよ！」と僕は大声で怒鳴り、陸を突き飛ばしたので、喧嘩になってしまった。泣き出した陸を馬乗りになって殴っているとき、先生が止めに入った。彼女は、泣き出した陸を他の先生に預けた後、こちらに近づいてきた。そこで僕はとっさに身構え、「お前、バカか、死ね！」とすごい顔で睨みつけた。

その時先生は、何も言わずに抱きしめ、大きな腕の中にすっぽりと僕を包み、耳元でこうささやいた。

「どうしたのかな？　何があったかお話ししようか？」

それを聞いた僕は、大声で泣きながら言った。

「嫌なんだ。お母さんがさ…怒るんだもん！　嫌なんだ」

すると先生は「そうだったんだ。嫌だったね…お母さんには笑っていてほしいものね。勇太君はとっても苦しかったんだね」と言って、身体を揺らしながら背中をさすってくれたんだ。

原則を学ぶ

聴くとは、気持ちを尋ね、心の扉を開き、嫌な感情を外へ出すように招くこと

　怒られると思っていたのに先生は「どうしたのかな？　何があったかお話ししようか？」と気持ちを尋ねてくれました。

　聴くとは、気持ちを尋ねることです。先生は「勇太君は今、心に嫌な気持ちがあるでしょう。それを聴かせてくれない？」と尋ね、話すように招いています。この時先生は、怒りで口にしていた「バカ、死ね」という言葉の裏側に隠れていた不安や苦しさという本当の気持ちを知りたかったのです。

　先生の一言で閉ざされていた心の扉が開き、勇太君は泣き出しました。そして「嫌なんだ、お母さんが怒るんだもん」と、苦しい気持ちを言葉にして外へ出すことができたのです。ただ叱りつけるだけならば、こうした感情を外へ出すことは難しかったでしょう。

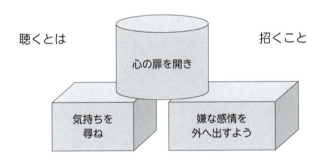

共感とは、相手の経験に近づき、同じ気持ちを感じようとすること

　先生はすぐに勇太君を抱きしめ、「嫌だったね」「とっても苦しかったんだね」と応えながら、勇太君の気持ちに寄り添いました。先生は、勇太君がどんな気持ちになっているのか想像していたのです。共感とは、相手の経験に近づき、同じ気持ちを感じようとすることです。

　勇太君は、自分の苦しさをわかってもらい、心が軽くなったことでしょう。もし子どもたちに何か大切なことを教えたいのなら、こうして軽くなった心に入れるとよいのです。

言葉にできない言葉や声にならない声を聴き、共感する

　あなたは、両親の不仲のために傷ついている子どもが、助けを求める声に気づけますか。勇太先生は、子どもの服装やちょっとした視線、給食を食べる様子、話す声のトー

ンで、家庭で何かが起こっていると感じました。そこで、園にいる間は清潔にし、たくさん食べさせ、いつも抱っこし、楽しい遊びで共感しようとしました。子どもが、何かを言葉で訴えたわけではありませんが、勇太先生は聴こうと注意を向けていたので、ちゃんと聴くことができました。

人は、すべての感情を言葉にできるわけではありません。幼い子どもは言葉の発達が十分ではないし、大人でさえも言葉にできない気持ちがあります。また、声にすらできない小さな声もあります。こうした言葉や声を聴くには、耳だけではなく、視覚や心身の感覚を使って「感じる」必要があります。

言葉のボールには、表（表面的な情報）と裏（感情や価値観）がある

月曜日の朝、園にやってきた一人の子どもに、勇太先生が声をかけます。

> 「おはよう。日曜日は楽しかった？」
> 「日曜日、お父さんが家に来た」
> 「本当？　よかったね！」
> 「……」

その時は何気なく応えましたが、子どもの「お父さんが家に来た」が意味することは何だったのか、勇太先生は深く考えてみました。

「お父さんが家に来た」という事実は、あくまでも表面的な情報です。もしかすると別居中なのかもしれませんし、新しくお父さんになる人が家に来たのかもしれません。楽しかったのか、つらかったのか、そこに込められている感情は、慎重に探らないと理解できません。もしつらい気持ちだとしたら、そこに共感するべきだったと勇太先生は考え直したのです。

人は、自分の感情やメッセージを言葉というボールに託して、相手に投げかけます。しかし、ボールを受け取った相手は、そこに込められている本当の意味を理解できない場合があります。それは、私たちの使う言葉のボールに「表面的な情報」と「裏側にひそむ感情や価値観」という二面性があるからです。

表面的な情報
日曜日、お父さんが家に来た

裏側にひそむ感情や価値観
嫌だった？
楽しかった？

質問することで、さらによく聴き、共感できるようになる

相手の気持ちをさらによく聴くためには、質問するとよいでしょう。「楽しかった？」「つらかった？」という閉じられた質問が良い場合と、「いつそう思ったの？」「どうしてそう感じたの？」という開かれた質問が効果的な場合があります。

質問した後、沈黙があるかもしれませんが、それは相手が考えているからです。ゆっくり待ってあげましょう。自分の気持ちを自分の言葉で表現できるように助けると深く共感できるので、満たされた時間を提供できます。質問に答えてくれた後は、「話してくれてありがとう。とっても嬉しかったよ」等、感謝の気持ちを伝えましょう。

 あなたが気づいた「大切なこと」を書きとめよう

 家庭のさまざまな事情を抱えていた由佳ちゃん

由佳ちゃん（5歳）は、ハキハキと積極的で、誰とでもすぐに仲良くなる。でも最近は、一人を独占してベッタリと依存する傾向が強く、勇太先生はとても気になっていた。そこで「お当番の子どもと先生が遊ぶ日」を設け、じっくり話す機会を作った。由佳ちゃんとは、パズル遊びをすることにした。

「先生は、家で怒ってばっかりで、ダメ父ちゃんなんだ」
と話しかけると、由佳ちゃんは黙って聴いていた。そして「あのね…由佳のパパとママね…ずっと喧嘩してるよ」と話し始めた。

両親の間には会話がなく、用事があると由佳ちゃんに頼むので、そのたびに二人の間を行ったり来たりするという。由佳ちゃんがどんな世界にいて、何を見ているのか、どんな気持ちなのかを考えると、心が痛んだ。勇太先生は、由

佳ちゃんの頭をなでて、「先生の話を聴いてくれてありがとう。由佳ちゃんの話も聴かせてくれる？」と、優しく言葉をかけた。すると、由佳ちゃんは話し続けた。

「大人なのに、何で自分で言わないの？」「パパもママも、由佳と話す時は優しくて笑うのに」「仲直りはいつするの？」

こうした由佳ちゃんの怒りや不安の声には「悲しかったね」「嫌だったね」と、感情に添う言葉をかけた。もちろん、両親を責めることはしなかった。

「由佳ちゃんの現実を変えることはできないだろう。でも、怒りや不安を吐き出して空っぽにしてあげたい。そして園での楽しい出来事でいっぱいにすればいい」勇太先生はそんなふうに考えていた。

1．「パパとママね…ずっと喧嘩してるよ」という言葉を聴いた時、勇太先生は何を感じただろう。
2．由佳ちゃんの世界を想像してみると、何が見えるだろうか。あなたは、由佳ちゃんのどんな気持ちに近づきたいと思うか。
3．勇太先生が、由佳ちゃんの怒りや不安を吐き出させたいと思ったのはなぜか。また、空っぽになった心に何を入れたいだろうか。

普段は元気な子どもたちも、複雑な家庭の事情を抱えていることがあり、心が痛みます。勇太先生はそのような事情を理解していたので、子どもたち一人ひとりと話す機会を作りました。由佳ちゃんとパズルをしたのは、きっと顔を正面から合わせずに会話するほうがいいと考えたからでしょう。

話を聴いていくことで、勇太先生は由佳ちゃんの現実を想像することができました。そこには怒りや悲しみ、つらさ、不安などがありました。そうした感情に耳を傾け、一緒に感じながらも、外へ出してあげたいと思いました。自由に話すことができた由佳ちゃんの心は、少しだけ軽くなりました。

保育者は、子どもの家庭の事情を変えることはできず、無力感を抱くことがあるかもしれません。でもあなたは、子どもたちを受け入れ、話を聴き、心を軽くし、楽しい思い出で満たしてあげることができるのです。

小さな実践

表現できない本当の気持ちを大切にし、代弁し、気持ちを引き出す

噛みつきのあるあかりちゃんの場合

「一緒に遊びたかったの？」「仲良くしたいのに噛んじゃったの？」等、あかりちゃんの気持ちを代弁してあげると、噛みつきそうな時、こちらを気にするようになりました。

「おいで…」と呼ぶと、あかりちゃんは困った顔で、腕の中に入ってきました。「我慢したの？ おもちゃがほしかったんだよね。なかなか貸してくれないね」といったやりとりを繰り返すうちに、困ったら自分から来てくれるようになりました。

「誰もわかってくれない」という気持ちが大きくなると、噛みつきがひどくなるばかり。子どもの気持ちもどんどん遠くへ行ってしまい、保育者の腕の中には来てくれません。

甘えを我慢している未来ちゃんの場合

背中に耳をつけて「先生には、何でも聴こえちゃうんだよ…」と真剣な顔で言うと、未来ちゃんは身動きせずにじっと言葉を待っていました。「ママは赤ちゃんばっかり抱っこしてる。未来も抱っこしてって聴こえてるよ」と言うと、笑いながらもどこか安心した顔をしていました。まわりの子どもたちも「すごい魔法だね」と言いながら、後になって「本当に聴こえたの？」と確かめにきます。共感の言葉は、子どもにとって魔法の言葉なのかもしれません。

 あなたが実践してみたいことを書き込んでみよう

 相手の本当の気持ちを「よく聴き、共感する」ことで、あなたは強い信頼関係を築けます。固く閉じた心の扉は開き、嫌な感情は外へ流れ出ていきます。そして心は軽くなり、子どもたちは喜んで助言に耳を傾けるでしょう。

03. 相手の状態に応じて、対応を変化させる

―交流分析

陽子先生

特定の人とコミュニケーションがうまくとれずに苦しむことがあります。そのような時、相手と自分の自我状態や交流パターンに気づくことができれば、ストレスを回避できます。自我状態とは何でしょう？ どんな交流パターンがあり、どう変えればいいのでしょうか。

Storyを分かち合う

陽子先生は家族でキャンプにやってきたが、そこで兄弟喧嘩（げんか）が始まった。夫（父親）は怒って「やめろ！ 命令だ！ 言うことを聞かないと外で寝てもらうぞ」と、子どもたちをテントの外へ出した。

夫が水汲みにいったのを見計らい、母親である陽子先生は「どうしたの？ けがしなかった？ こっちにおいで」と二人を抱きしめた。二人は声を押し殺して泣き出した。

「どんな理由で喧嘩が始まったの？ もったいないよ。せっかくキャンプに来たんだから」と陽子先生が尋ねると、弟は「お兄ちゃんが蹴ってきた」と言い、兄は「いいよ、どうせいつも僕が悪いんだから」とふてくされた。

陽子先生は、とっさにおどけた顔で「キャー、助けて！ お兄ちゃん、すごい怖い顔。そんなんだと、ここの人たちは、みんな逃げちゃうよ！」と笑い飛ばした。その声につられて、二人とも笑った。夫が戻った頃には、楽しそうな声がテントの中に響いていた。

原則を学ぶ

私たちの中に5つの自分（自我状態）がある

交流分析の理論では、私たちの中に5つの自分（自我状態）があり、それぞれ使い分けているといわれます。キャンプでの家族の会話から探してみましょう。

> 父親は**批判的な親（CP）**として厳しく叱りつけ、
> 母親は**保護的な親（NP）**として抱きしめ、子どもたちを落ち着かせました。次に、
> **大人（A）**として冷静に理由を尋ねます。
> 兄は **順応する子ども（AC）**で、「どうせ自分が悪い」と話し、
> 母親は**自由な子ども（FC）**としておどけて笑い、気持ちを楽にしました。

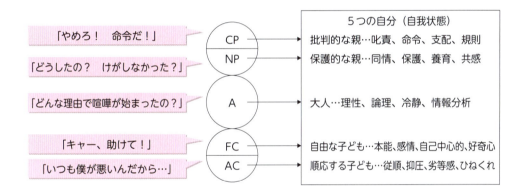

自分や相手の自我状態に気づくことでストレスを回避できる

普段、自我状態は時や場所、相手に応じてバランスよく機能していますが、いったん問題や刺激が起こると、強く反応する部分が出てきます。例えば、子どもたちの喧嘩が起こった時、あなたはどのように対応しますか。力で支配する？　保護、同情的になる？　現実的に対応する？　無邪気に笑い、冗談で切り抜ける？　自分のせいだとストレスをため込む？……。

自分の自我状態に気づくようになると、人間関係でなぜ衝突や摩擦が起こるのか理解できます。そして自我を改善することで、自身のストレスも回避できるようになります。

エゴグラムから自分の自我の傾向を知ろう

5つの自我状態を測るツール〈エゴグラム〉を紹介します。自分自身、あるいは親しい人と一緒に測定してみましょう。

下のスケールに○をつけて結ぶと、折れ線グラフになります。陽子先生のご主人（父親）を例に作ってみました。

● 自我状態のスケール

高	支配的	献身的	合理的	無邪気	良い子
5	○				
4			○		
3					
2		○		○	
1					○
低	ルーズ	無関心	感情的	無感情	非協調的
	CP（批判的な親）	NP（保護的な親）	A（大人）	FC（自由な子ども）	AC（順応する子ども）

↓

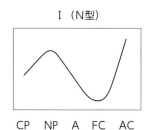
Ⅰ（N型）
CP NP A FC AC

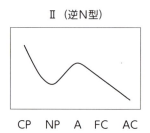
Ⅱ（逆N型）
CP NP A FC AC

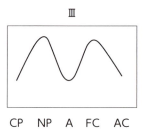
Ⅲ
CP NP A FC AC

兄のように同情・保護的な感情を抑えてため込む場合、Ⅰ（N型）になります。Ⅰが苦手なのは、批判的で冷静、論理的に攻撃してくる父親のタイプ（Ⅱ：逆N型）です。大好きなのは、母親のような同情・保護的、自由な子どもである天真爛漫なⅢです。もし兄が父親と上手にコミュニケーションをとりたいならば、AC（順応する子ども）を下げ、ストレスをため込まず、その分、FC（自由な子ども）を高めて感情を発散するとうまくいきます。

自我状態を調整する

父親にはA（大人）の自我もありますが、とっさにCP（批判的な親）が反応しました。エゴグラムの高い部分が反応しやすいので、一呼吸置いてその部分を調整すれば、相手の反応も変わります。エゴグラムでは、低いところを上げるほうが効果的と考えられています。

● 自我状態の調整方法

CPを上げる	自分の考えや理想を意識して明確に伝える。
NPを上げる	良い点を褒め、個人的な関心をいつも示す。
Aを上げる	冷静になってから判断する。選択した結果を予測する。一度文章にしてから話す。
FCを上げる	芸術や娯楽などを楽しむ時間を増やす。楽しい気持ちを大切にする。
ACを上げる	人と協調できるよう訓練する。妥協点を増やす。

自我状態からの交流を分析する

P（親）、A（大人）、C（子ども）を用いて、普段どのように交流（コミュニケーション）しているのかを分析する方法があります。この方法を活用すると、自分と相手の交流パターンがわかるので、意識的に対応をコントロールできるようになります。

そこで、陽子先生の家族の交流パターンを分析してみましょう（色部分が父、または母）。

平行交流

相手の自我状態に話しかけると返ってくるので、互いの期待どおりに、平行なコミュニケーションが継続します。父親は批判的な親の立場から、「やめろ！ 命令だ！」と叱責しますが、これは順応した子どもの立場に向けて発信されています。もちろん父親は、順応した子どもからの返答である「ごめんなさい」を期待し、平行した交流となっています。

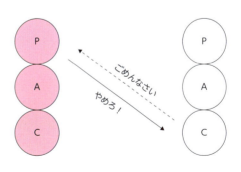

交叉交流

相手の自我状態とは異なる自我状態に話しかけるので、期待が裏切られ、コミュニ

ケーションが断絶します（どちらかが自我状態を変化させると、関係は回復します）。

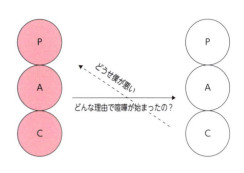

母親は「一体、どんな理由で喧嘩が始まったの？」と大人として冷静に、相手の大人に向けて発信します。もし兄が大人の立場から「ちゃんと理由がある」と言えば、平行なコミュニケーションになったでしょう。しかし兄は、順応した子どもの立場から「どうせ僕が悪い」と保護的な親に向けて言葉を返したので、交流が交叉しました（この時母親は「そんなことないのよ」と保護的な親に戻ることもできます）。

裏面交流

表面的には、平行交流のようですが、言葉と本心のやりとりが違う場合もあります。父親が「やめろ！ 命令だ！」と叱った時、表面上は、「ごめんなさい」と平行な交流ですが、本心が「お父さんは本当の理由をわかっていますか？」と大人から大人に訴えたい場合、裏面での交流が生まれます。

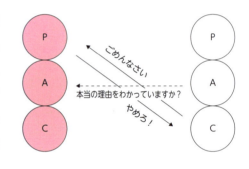

自分の交流パターンに気づくことで、対応を意識的にコントロールできるようになる

同じ場面でも、いくつかの交流パターンがあります。下の例から、まずは自分の傾向を知りましょう。そして、パターンを意識して変えることができるか試してみましょう。

> 「せんせい、外に遊びに行ってもいい？」
> 先生1「だめって言ってるでしょう。言うこと聞かない子はダメな子ですよ」
> 　　　　　　　　　　　　　　　　　　　　　　　　　　　　　…CP
> 先生2「外は寒いから、暖かくしていくんだよ。風邪をひいたらせんせいは悲しいな」
> 　　　　　　　　　　　　　　　　　　　　　　　　　　　　　…NP
> 先生3「今日の天気はどう？ お外で遊べるくらい暖かいかな」…A
> 先生4「もちょー！ せんせいもいっしょに走るぞー！」…FC

相手の状態に応じて、対応を変化させる

あなたが気づいた「大切なこと」を書きとめよう

....
....
....

事例と演習 保育者に急にクレームをつけ始めた母親への対応

　カレンちゃんの母親はこれまで、どの保育者にも愛想よく声をかけていた。ところが最近は、登園時のあいさつもなく、気になる様子が見られるようになった。
　特定の保育者だけを無視したり、他の保護者とトラブルになったり、時には攻撃的に話し出すこともあり、その急変ぶりに桃子先生は困惑していた。
　「その場かぎりの言葉を返しても納得はしないだろう」「ますますエスカレートするのではないか」等、職員同士で話し合いをしても、不安になるばかりだった。
　そんな時、主任の陽子先生が「お母さんは甘えたいのかな、自分を見てほしいのかな、意地悪もしたいのかな。子どもの心に寄り添うように対応してみませんか？　園児のように育てていきましょう」と言った。
　「園児のように？」と最初は戸惑ったものの、「相手が子どものような状態ならば、それを受け止め、親のような言葉や態度で返していこう」となった。
　カレンちゃんの母親は、桃子先生に「カレンの腕に赤い痕があった。何かあったんですか！」「カレンはみんなが遊んでくれないと言っている。先生は助けないんですか」と、毎日苦情を訴えてきた。
　桃子先生は母親に対して、カレンちゃんの様子を伝えたり、子どもをなだめるような親の立場で話を聴いたり、しっかり受け止めて対応した。他の保育者も「お仕事お疲れさま」「風邪つらそうですね」と、母親に関心を向けて気遣う言葉をかけるようにした。すると次第に母親も落ち着いてきて、笑顔が戻った。

03

　　桃子先生は「どんな大人にも、幼い子ども心があるのかもしれない。それならば私たちは保育者だから、できることがたくさんある。そう思うようになりました」と話してくれた。

---

1. カレンちゃんの母親が態度を急変させたのには、どのような背景が考えられるだろうか。
2. なぜ陽子先生は、「園児のように育てる」ことを提案したのだろうか。「園児のように」とは具体的にどうすればよいのだろう。
3. 今回の方法がうまくいかないこともある。その場合、他にどんな対応が考えられるだろうか。

　保護者の態度が急に変化する時、自身や伴侶、子ども等、家族の問題で悩んでいることが多いものです。ストレスが高まり、自分でコントロールできなくなるため、通常はバランスのとれている自我状態が崩れて、強く反応する部分が出てきます。

　カレンちゃんの母親の場合、抑圧された子どもの感情が自己中心的な形で発散され、「大変な自分をわかってほしい」「助けてほしい」というメッセージを攻撃的な形で向けてきました。

　相手が興奮している場合、まずは平行交流により、期待どおりの言葉や態度を返すことで落ち着かせます。会話を継続させることで、相手のニーズを満たします。すぐに親の立場から指導的な言動、大人の立場から論理的な対応をしても、うまくいきません。陽子先生の「園児のように育てる」という提案はこの理由からです。

　ただし、相手の態度に変化が見られなかったり、エスカレートする場合は肯定的で温かな対応を交叉交流に切り替え、大人の自我状態から、冷静で論理的な対応を行うとよいでしょう。

● 小さな実践

子どもの喧嘩や反抗的な態度、指示に従わない場面で「もうやらなくていい！」「やめなさい！」等、厳しい命令口調になる同僚の場合

　まずは気持ちを落ち着かせました。相手の感情に巻き込まれないように冷静になり、

できるだけゆっくりと静かに対応しました。

最初は「親がきちんとしつけないからだ」「私は怖い先生で構わない」と感情をぶつけてきました。「私も同じ気持ちだよ」と理解を示すと、意外にも「その場は収まっても、子どもの気持ちは離れていくよね」と言ったのです。

そこで「離れたら、またつかまえにいけばいいよ」と、私と役割を入れ替えることにしました。私が怒り役で、彼女がフォロー役です。かつての自分の姿を客観的に見たこと、フォロー役でいろいろな方法があること等、たくさんの気づきがあったと話してくれました。

いつも他人の言いなり。周りに合わせて自分の意見をもたない保育者の場合

親や周りの期待に応える「いい子」でいる必要はないことを伝えました。そして、子どもが「嫌だ〜、できな〜い」と言った時に「先生も嫌だ〜、できな〜い」と叫んでもらいました。子どもたちは「あっ、そうなの？　同じじゃん」とすんなり受け入れるので、本音トークの練習になっていました。

「楽しいですか〜、我慢していませんか〜」と冗談を交えて声をかけ、緊張がほぐれる場面を作ることで、感情は言葉にしやすくなりました。

 あなたが実践してみたいことを書き込んでみよう

――――――――――――――――――――――――――――――――
――――――――――――――――――――――――――――――――
――――――――――――――――――――――――――――――――

　私たちの中に、親、大人、子どもがいることを知りましょう。そしてコミュニケーションを交わす時、自分や相手がどのような自我状態から交流しようとしているのかを確かめ、対応を意識的にコントロールしましょう。その力があれば衝突を避け、ストレスからも逃れることができます。

04 I am OK, You are OK
──交流分析

美咲先生

コミュニケーションにおいては、自分を肯定するだけではなく、相手も同じように肯定することが大切です。しかし、自分だけ肯定したり、相手だけ肯定することも多くあります。どうしたら「I am OK, You are OK」になれるのでしょうか。

Storyを分かち合う

　美咲先生は、研修で「サバイバルゲーム」に参加した経験を話してくれた。設定は次のようなものだった。
　飛行機が山に墜落したが、奇跡的に少数の者が生き残った。生き延びるために山から脱出を試みるが、限られた飲み水をめぐり、4とおりの意見の衝突をみた。

- 自分だけが生き延びるため、水を独占しよう
- 水を分け合い、全員で生き延びよう
- すべてをあきらめて、全員ここで死ぬしかない
- どうせ死ぬのだから、他の人が勝手に水を奪って生きればいい

　この体験から、美咲先生は次のような気づきを得た。
　「私たちは日々、生きるための水をめぐって4とおりの集団に属している。水を分け合い、全員で生き延びることが理想だと知っているが、現実にはどうだろう。たくさんの人が、水をめぐる巧妙なやりとりを行っているのではないだろうか」

原則を学ぶ

水はストロークと呼ばれ、人の存在を認めるすべての言葉・態度を指す

「サバイバルゲーム」で美咲先生が奪い合った水は、交流分析理論では「ストローク」と呼ばれています。これはあいさつ、声かけ、握手、スキンシップ等の精神的な刺激で、人の存在を認めるすべての言葉・態度を指します。

人は、「ストローク」を切望しています。喩えるなら、私たちの心の中にコップがあり、生き延びるための水を満たそうと必死で動き回っているのです。

ストロークには、肯定、否定、また無条件、条件付きがあります。人は通常、肯定的ストロークの環境では成長しますが、否定的な環境では問題を抱えます。

● 4つのストローク

	肯定的	否定的
無条件（いつも）	あなたが好き	あなたが嫌い
条件付き（特定のこと）	あなたの〇〇が好き	あなたの〇〇が嫌い

多くの人が、他者からの肯定的ストロークに飢えています。そのため、コミュニケーションを通して得ようとしますが、現実には得られずに苦しみます。

そこで、**肯定的ストロークが得られなければ否定的ストロークでもかまわないので得たいと切望します**。こうした思いが、人を巧妙なやりとり（心理ゲーム）にはしらせ、結果的に慢性的な悪感情を得るのです（心理ゲームについては、38頁を参照）。

私はOK、あなたもOKという姿勢

美咲先生が経験したゲームの4つの集団は、そのまま「4つの基本的な心の姿勢」に当てはまります。

● 4つの基本的な心の姿勢

私はOK　あなたはOKでない （自己肯定・他者否定） 自己愛が強く、自分に合わないものを排除する。問題を人のせいにし、自分を見ることを拒否する。	私はOK　あなたもOK （自己肯定・他者肯定） 自分も相手も尊重できる。相手と共感し、親密な関係を築ける。相手と話し合い、良い関係を築ける。
私はOKでない　あなたもOKでない （自己否定・他者否定） 他人からの愛情を拒否するか、愛されていることを絶えず確認する。絶望的で基本的信頼がない。	私はOKでない　あなたはOK （自己否定・他者肯定） 劣等感。心の奥にストロークへの熱望がある。支配に従順。他者の怒りを挑発する。

　この4つの姿勢を読んで、自分自身や周囲の人々について考えてみてください。例えば、次のような経験はありますか。

○表面上は大人の対応にみせかけ、裏では相手を否定し、自分だけを肯定する。
○相手を肯定しても、自分を否定する。
○無力になり、自分も相手も否定する。

　こうした姿勢の根底には、劣等感や愛される価値がない等の否定感情があり、ストローク不足が原因です。
　美咲先生は、研修を通して「自分も相手もOK！」という、互いに価値があり、すぐれていて、楽しく共感できる姿勢を学びました。そうなるためには、ストロークを奪い合う巧妙な心理ゲームを見抜いて止めること、さらに、正しいコミュニケーションにより肯定的ストロークを与え合うことが大切です。

肯定的ストロークが不足すると、否定的ストロークを求めるゲームが起こる

　友人や恋人、家族、同僚との間で、心理ゲームに参加したことはありますか。心理ゲームとは、最後には悪感情を抱き「ああ、またやってしまった…なんでいつもこうなるのだろう」と後悔するやりとりです。

　こうしたゲームの根底には、自己肯定と他者否定の構えを確認したり、強めたり、自己を防衛する気持ちがあります。つまり、肯定的ストロークが不足するため、否定的ストロークを求めるゲームにはしっているのです。

● 主な心理ゲーム

はい、でも	悩んでいる相手に助言しても、「はい、でも…無理です」を繰り返す。
キック・ミー	わざと相手を怒らせ、拒絶を引き出し、最後に「どうせ自分はダメなんだ、嫌ってくれ」で終わる。
仲間割れ	自分を取り巻く二人の間に争いを起こし、両者の関係を仲たがいさせる。
あなたのせいでこうなった	自分の責任を回避し、「あなたのせいでこうなった」と相手を激しく責める。
大騒ぎ	少しのことでも、「ひどいもんだ」と誇張し、周囲の同情や注目を集めようとする。
決裂	喧嘩しては、仲直りを繰り返す。
あら探し	相手の小さな誤りを探しては、自分の怒りを発散させる。

子どもや保護者に、いつもOKな態度で対応する

美咲先生は、モンスターペアレントの対応に苦しみました。いつも細かなことで「あなたのせいでこうなった」とゲームを仕かけてきます。最初はつい反応して、「私は絶対に悪くない」という防衛的な態度で挑みました。しかし、相手を刺激するだけで最後は決裂し、互いに悪感情で終わるのです。

ゲームに気づいた美咲先生は、親や子どもの自我にいた自分を大人の自我に戻し、交流を交叉させました。そして、元の話題に戻らず、肯定的なストロークを、「私はOK、あなたもOK」という態度で一貫して繰り返しました。それこそが保護者に不足しているものだったからです。その後、保護者の態度も改善してきました。

子どもの試し行動も、ストローク不足から起こるゲームです。それに気づかず、感情的に対応してはいけません。大切なのは、「いつもOK」という態度で、一貫して肯定的ストロークを与えることです。

自分自身の心のメンテナンスを行う

ストローク不足のため、同僚や上司、園長がゲームに加わることもあります。あなた自身が仕かけることもあるでしょう。こうしたゲームを防ぐために、心のメンテナンスをしましょう。

研修やスーパービジョン、個人で振り返る機会を設け、「自分もOK、相手もOKな態度だろうか」「ゲームを行っていないか」と考えてください。必要であれば、自分の

ために肯定的ストロークを十分に補充することです。生きる水が満タンであれば、否定的なゲームに加わる必要はありません。

 あなたが気づいた「大切なこと」を書きとめよう

事例と演習 モンスターペアレントからの苦情に対応する

渚ちゃんの母親は、登園時に担任の美咲先生を呼び出しては、家での様子を報告し、その日に園で配慮してほしいことを伝えてくる。なるべく丁寧に話を聴くように心がけているが、ある朝、興奮ぎみの様子で、

「先生、外遊びはさせないでって、昨日お願いしましたよね。傷がありましたよ、転んだんでしょ。困るんですよ」と、一方的にまくしたてた。

「外遊びはしていませんが、昨日は避難訓練で隣の公園までいきました」と答えると、さらに険しい表情で「訓練なら長ズボンを穿かせてください。傷が残ったらどうするつもりですか」と言い放ち、玄関を出ていってしまった。

次の日も「先生は、渚におやつをあげていないんですか」と言ってきた。

「おやつは食べました。でもみんなで収穫した枝豆は食べませんでした。ママと約束してるからと言ってましたけど…」と説明すると、母親は「これ以上太ると困るから、家ではおやつは1つと決めています。でも、かわいそうだから保育園ではあげてください」と言い、出ていってしまった。きちんと説明すればするほど反論され、こじれていくので、主任も交えて話し合うことにした。

主任は、母親がいつも渚ちゃんの様子を教えてくれることに感謝しているこ

と、子育てに細やかな配慮があることを話題にした。また、「渚ちゃんのことがとても心配なんですね」「かわいくて仕方ないんですね」「気配りは私たちも見習わなくては…」といった言葉を、母親の怒りの感情に向けて伝えた。

主任は、モンスター的な部分があっても、母親には子どもへの愛情があると理解していた。大切なのは、事実の説明や確認だけではない。相手の求めるものを冷静に考えた時、何を伝えるべきかが少しずつ見えてくることを、他の先生にも気づいてほしかったのである。

美咲先生は、「問題行動のある母親」から「子育てに熱心で、愛情深い母親」と見方を変えて、やりとりするようにした。すると、これまでの重苦しい感情も次第に薄れていった。

---

1. 激しい口調で一方的にまくしたてる母親に対して、美咲先生はどのような感情を抱いただろう。説明しても解決しないのはなぜだろう。
2. 主任はどのような考え方で母親に接していただろう。また、それはなぜだろう。
3. 相手を愛情深い母親とみることで、美咲先生のかかわりも変化した。それはなぜだろう。「I am OK, You are OK」を意識することで、どんな変化が期待できるだろう。

保育園には、保護者からさまざまな要望が寄せられます。時には、きちんと説明しても相手のペースに乗せられ、気がつくと「どうしてこうなるのか」と、理不尽さを感じることもあるでしょう。これはゲームを仕かけられているのです。相手は他者を否定することで、自分を肯定しています。そうすることで、否定的ストロークを奪おうとします。そのため、細かに事情を説明するだけでは収まりません。

主任は、相手の訴えていることよりも、ほしがっているもの、つまり肯定的ストロークを与えようとしています。「渚ちゃんを心配している、気配りがある、かわいがっている」ことを称賛することで、それが届けられます（実際、母は自分本位なほどに子どものために一生懸命です）。そして、大人の対応に終始し、ゲームに加わっていません。

美咲先生は、相手とのゲームに終止符を打ち、「I am OK,

You are OK」の立場を思い出しました。そして、相手が"OK"であることを大切にしつつ、自分も"OK"になろうと考えて会話しました。相手の愛情表現の形を受け止めて感謝し、時には「どうすればいいでしょうか」と尋ねながら、ゲームに参加しないよう心がけました。

小さな実践

子どもの試し行動への対応

　拓海君（3歳）は、誰に対しても反抗的でした。おもちゃをとったり叩いたりして、保育者から注意を受けても慣れてしまい、暴言を吐いていました。問題行動と注意することが追いかけっこのように続くばかりでした。そこで、試し行動にいちいち反応せずに見守り、「終わったら教えてね」と、次の遊びの準備をしながら待ちました。

　しばらくは、おもちゃを散らかしていましたが、準備が気になり出して「もう終わったよ」と教えてくれたので、部屋を一緒に片づけ、1対1でじっくり遊びました。

　毎日続けるうちに信頼関係ができ、会話から拓海君の心の内を知ることができました。注目されたい気持ちを素直に表現できず、注意されることで他人と繋がっていたのです。「おこりんぼうしなくてもちゃんと見てるよ」と声をかけたり、トラブルのたびにたくさんの言い訳を聞いたり、応答的にかかわることで、試し行動もなくなってきました。信じられる大人が見つかると、もう試す必要はないのです。

モンスターな保護者への対応

　話題を広げたり変えたりすることが自然にできるように、複数の保育者で話を聴くようにし、警戒される時は、途中からさりげなく話に入ってもらうようにしました。

　関心や注目を集めるために攻撃的な態度を示す保護者には、あえて保護者会の役員などをお願いしました。役員には責任ある言動が求められるので、評価を気にしてか、攻撃的な態度が和らぎ、よき協力者になったこともありました。

　指示や注文の多い保護者には、家庭でのやり方やうまくいった例などを教えてもらい、参考にしました。うまくいかない時は園から相談し、任せっきりや担任だけの負担にならないようにしました。すると、親の指示や注文は減っていきました。

同僚に対する対応

　同僚は、自分の失敗を認めずに子どものせいにしたり、「○○先生がいつもやっているので…」と言い訳したりして、自分を守っていました。そこで、一緒に計画を立ててやってみて、どんな結果も受け止めました。

　失敗しても次回へのヒントとすることで、同僚も自信をもてるようになりました。評価よりも、自分や子どもたちが楽しいかどうかを考えるようになり、これまで以上に子どもたちに楽しさを伝えたい気持ちが湧いてきました。

上司や園長に対する対応

　自分の責任になりそうだと、決まって「あなたに任せたはず」と切り返して、反論しても聞いてもらえません。そんな時は反論せず、他の職員に協力者になってもらいました。できるだけ全員に声をかけて、みんなの事案になるようにしました。成長できるチャンスだと捉えれば、反論に明け暮れる必要はないのです。

　上司の子育て経験が保育のものさしになっていて、命令に逆らえない場合、あえて現在の子どもたちについて学ぶ姿勢を見せることにしました。研修への参加や資格の取得など、新たなチャレンジを保育に活かし、現場に新しい風を入れるように仲間にも協力してもらいました。その結果、お互いの良いところを認め合えるようになり、話し合いもスムーズになってきました。

 あなたが実践してみたいことを書き込んでみよう

　「I am OK, You are OK」は、単なる合言葉ではなりません。本当に自分も大丈夫、相手も大丈夫なのか、あらゆる場面で真剣に問いかけてみてください。自分が陥っているゲームを見つけたら、すぐに止めて、本当の意味で"OK"になりましょう。

参考文献 ● 中村和子、杉田峰康『わかりやすい交流分析』チーム医療、1984年

05. 自分の気持ちや主張を上手に伝える

――アサーティブネススキル

さくら先生

相手に「ノー」という言葉が言えないために、ストレスをため込むことはありませんか。どうしたら、相手に嫌な思いをさせることなく、自分の気持ちをきちんと伝えられるのでしょうか。

Storyを分かち合う

さくら先生は夫婦でステーキレストランに行き、ミディアムレアを頼んだ。ところが、いくら待ってもステーキはやってこない。催促した後、焼き過ぎて固くなったステーキがテーブルに置かれた。

夫は怒りの気持ちでいっぱいになり、「ウエートレスをつかまえて、どなりつける」と息巻いた。お腹がすいていたせいもあるが、「こんなに待たせた挙句、よくもこんな品を持ってこれたものだ」と、憤りが収まらなかった。

しかしさくら先生は、「やめなさいよ、このくらいなら我慢して食べようよ」と言った。店内で揉めるのが恥ずかしかったのだ。その時、隣のテーブルの紳士がウエートレスを呼び、笑顔で優しく言った。

「私が頼んだのはミディアムレアですが、このステーキは焦げすぎていますね。ちゃんと頼んだものをいただきたいので、作り直していただけますか。だいぶ待ちましたので、できる限り急いでいただけたら嬉しいです」

原則を学ぶ

攻撃的、受け身的、上手な自己主張という3とおりの選択肢がある

夫の対応は攻撃的（アグレッシブ）であり、妻は受け身的（パッシブ）、そして隣の紳士の対応は上手な自己主張（アサーティブ）といえます。この3とおりの対応の結末を予測してみましょう。攻撃すると、その場ではスカッとした気持ちになりますが、攻撃を受けた側の心は傷つきます。我慢して黙り込むなら、その場は収まりますが、ストレスがたまります。両者とも、良いコミュニケーションとはいえません。

対して、紳士の用いたアサーティブな態度は、相手の気持ちを配慮しながらも、自分の主張や権利を上手に伝えていますので、互いに尊重し合うことができます。

← 攻撃的（夫）　　　　　上手な自己主張（紳士）　　　　受け身的（妻） →
　　相手に悪感情が残る　　　相互尊重　　　　　　　　　　自分にストレスが残る

通常私たちのコミュニケーションは攻撃的か受け身的かのどちらかに偏ることが多いですが、どちらでもない上手な自己主張（アサーティブ）という選択肢があります。

アサーティブの根底には、人権尊重の精神がある

あなたには、自分の気持ちを自由に感じて考える権利、それを相手に伝える権利があります。もちろん、その権利は相手にもあります。アサーティブになるとき、あなた自身の権利と相手の権利の双方を尊重することになります。

さくら先生の夫は、自分の権利の主張だけに走り、相手の感情を無視してしまいました。さくら先生は相手に気兼ねし過ぎて、自分の権利を我慢しました。しかし紳士は、双方の権利を尊重していたのです。

I statement―「私」を主語にする

怒りで攻撃的な態度になると、思わず「あなたは、なんてひどいの！」「君は最悪だ！」「お前が間違っている」と、伝えたい部分の主語が「YOU・あなた」になります。これを「I・私」に替えると、よりアサーティブになり、自分の感情や考えを率直に伝えやすくなります。

> あなたが　〇〇〇　した時…　私は　〇〇〇　と感じました。

例えば、「喧嘩ばかりで、君たちはひどい！」という表現は「君たちが喧嘩ばかりしていると、先生はとても悲しい」になります。自分を表現する時、主語を「私」にすることで、相手を攻撃するのではなく事実を説明し、それに対する自分の感情や考えを率直に伝えることができるようになるのです。

子どもにアサーティブであることを教える

子どもの発達や個性、家庭環境に応じて、アサーティブの方法を教えましょう。母親の命令が絶対の家で暮らしていた男の子は、いつも怯え、自分の考えを心に押し込めていました。「おはよう！」と声をかけるだけで、ビクッと反応します。

さくら先生は、この子を近くに抱き寄せ、お母さんに言われたことを聞き出しては、「お母さんがそうすると僕は悲しい」等、一緒に声に出す練習から始めました。次第に男の子は、少しずつ自分の気持ちを声に出せるようになりました。

自分の主張が通らないと「もうお前とは遊ばない！」と仲間外れにするガキ大将がいました。さくら先生は、「遊ばないって言われたの？」と悲しそうに、外された子と他の子を誘って遊び始めます。ガキ大将は一人ぼっちになって、外される子の気持ちがわかり始めます。その時先生は、ガキ大将のほうを向いて「ごめんね。本当は僕、みんなと遊びたかったんだって言えばいいんだよ」と優しく教えています。

アサーティブな方法を教えると、子どもたちは意見が対立しても解決できることを学ぶでしょう。このようなコミュニケーションスキルを獲得できた子どもは、大人になってから問題を抱えることは少ないのです。

大人にアサーティブな態度を訓練する

大人にとってもアサーティブな態度は大切です。ある保育園では、会議で特定の人ばかりが話を独占するのではなく、司会が必ず参加者一人ひとりに意見を尋ねています。そのため、参加者は事前に準備をして臨みます。

「なおちゃんはまだ園に慣れていなくて、毎朝ぐずることがありますが、どうしたらいいと思いますか」「今度のお遊戯会で、何か新しいアイデアはありますか」等の質問に対して、一人ひとりが意見を言うことは、攻撃的なタイプにとっては「我慢」を学ぶ場であり、受け身的なタイプにとっては自分の考えを主張する機会です。

自分の気持ちや主張を上手に伝える

もしあなたに攻撃的な傾向があるなら、「怒り」をコントロールし、一息おいて自分の気持ちを伝えましょう。決して、感情に任せて子どもにあたってはなりません。また、あなたに受け身的な傾向があれば、我慢せずに自分の気持ちを尊び、きちんと伝えましょう。あなたがアサーティブになれば、子どもたちはあなたの模範から学ぶでしょう。

 あなたが気づいた「大切なこと」を書きとめよう

事例と演習 モラルハラスメントに苦しむ晴香さん

晴香さんは、夫婦の問題で精神的に参っていることを、心理士で家族援助の経験もあるさくら先生に打ち明けた。

「夫は些細なことでも、突然人が変わったようにキレてしまう。お前が悪いといつも言われたり、命令も細かく異常に感じる。とにかく怖い…」そう話す声は小さく、いつもと様子が違った。

「争いを避けるために奴隷のように従っている。私と子どもはいつもビクビクしている」「周りの人には我慢できることだと言われた。そのため、私のせいだと思うようになった」

その表情からは、絶望的な気持ちが伝わってきた。

「それはモラルハラスメントですよ。相手の攻撃に我慢するのではなく、自分の気持ちや考えを言ったほうがいいです。必要なら逃げることもできます。お母さんは何も悪くない」と、さくら先生は伝えた。

「モラルハラスメント？　私のせいじゃない…」しばらく言葉につまり、呆然としていた。度重なる夫からの攻撃や周りの理解のない言葉に、自分で考え決断することは悪いことだと思うようになっていたのだ。

そこでさくら先生は、晴香さんに日々のつらかった出来事をゆっくり話してもらった。そして、その時どう思ったのか、夫に何を言いたかったのかを、一緒に言葉にしてみた。晴香さんは最初ためらっていたが、何度も練習しているうちに、「本当に私のせいじゃないんですね、とてもほっとしました。もう息をひそめて過ごすのは嫌です。子どもと笑って暮らしたい」と、自分の気持ちをハッキリと言うことができた。

その後、晴香さんは離婚を決意した。今では「離婚は失敗ではない、新しい人生を自分で選んで歩くのは当たり前なんだ」と、自信をもって言えるようになった。また、「夫は自分の親との関係に問題があったようだ。我慢や不満が私に向かったのかもしれない」と、夫を理解する気持ちをもつほどになっていた。

---

1. 夫から文句や怒り、否定の言葉を浴びせられた晴香さんの気持ちを想像してみよう。
2. 周囲の人々は「我慢できること」とやり過ごしたが、さくら先生は「モラルハラスメント」と判断した。それぞれの判断の理由を考えてみよう。モラルハラスメントの弊害にはどのようなものがあるだろうか。
3. さくら先生は「アサーティブな方法」をどのように練習したのだろう。例を挙げてみよう。

　夫婦間のモラルハラスメントの多くは、夫が妻を攻撃する形をとります。それは恐怖心をあおり、相手を否定する不義な支配です。受ける側に強い心理的なダメージを与え、妻は夫の前で何も言うことができず、ただ謝るしかなくなります。晴香さんは長い間繰り返された夫の攻撃に、いつしか「自分が悪いのだ」と思い込むようになったのです。

　モラルハラスメントの場合、夫は外では「良い人」を演じるので、周囲の人々は家の中での不義な支配を想像できません。そのため「些細な問題」「夫婦間によくあること」と考えてしまいます。しかし対応したさくら先生には、専門的な知識がありました。晴香さんの相談からモラルハラスメントを疑い、自分も相手も否定せず、相手にきちんと自分の考えや気持ちを伝えることを勧めました。その上で、最悪の場合も想定し、「逃

げること」が可能であることも伝えました。

さくら先生が何より大切にしたのは、「あなたは決して間違っていない」と肯定すること、その上できちんと自分の考えを伝える方法を教えることでした。例えば、「I statement」を使い、「あなたがそう言うのを聞くと、私はとても悲しく感じる」という方法で、相手の態度にかかわらず、一貫して自分の気持ちや考えを伝えることができます。このようなコミュニケーションを訓練しつつ、モラルハラスメントに関してはより専門的な相談につなぐことが大切です。

小さな実践

園でよく使う表現は、下のように言い換えることができます。Noと言えない人には特に配慮が必要です。すぐに怒る保育者は、怒りをコントロールし、一発目を子どもにぶつけない工夫をします。

● 言葉の言い換え例

彩花ちゃん、悪口言うのは間違ってるよ。何て悪い子なの！	彩花ちゃんが他の子の悪口を言うのを聞いて、先生はとっても驚いています。そして悲しい気持ちになりました。
賢人君のおしゃべりがうるさいから、絵本が読めないでしょ！	先生はこの絵本が大好き。賢人君はどうかな？ 読み終わって話を聞かせてくれたら嬉しいな。
何で仲間外れにするの？ だったらあなたも一人で遊びなさい！	一人ぼっちで遊ぶと、盛り上がらなくてつまんない気持ちになるね。一人ってさびしい、泣きたくなっちゃうな〜。一緒がいいな〜。
保育園のおもちゃを持って帰るのは悪いこと。泥棒と同じですよ。	おもちゃがなくなると、他の組でも困っちゃう。先生も心配でずっと探しちゃうよ。お人形のももちゃんが家に帰らないと、ママも探しちゃう。おもちゃの家は、おもちゃ箱なんだよね。バイバイ、また明日しようね！
亜美ちゃんは望ちゃんに命令ばかりして威張ってるね、望ちゃんの話も聞きなさい！	いつも亜美ちゃんの声ばかり聞こえますね。今日は望ちゃんの声が聞きたいので、望ちゃんのお口にいっぱいしゃべってほしいです。
何で嘘をつくの？ 嘘をつくことは悪いことです。	本当のことを言ったら怒られると思ったのね。苦しかったでしょ？ 先生も苦しかったよ。嘘のお話は、話すのも聞くのも苦しいね。

05

 あなたが実践してみたいことを書き込んでみよう

 まずあなたが、自分自身の権利を尊ぶこと、相手の権利を尊ぶ気持ちをもちましょう。そこからアサーティブなコミュニケーションが生まれます。この方法を実践すれば、子どもたちも同じように、自分と相手の権利を尊ぶ話し方を学ぶでしょう。

コラム1 「ただいまー」

ある朝の出来事です。いつものように保育室のドアが開いて「ただいまー」と元気な声が響きました。

「えっ？」と驚いた後に、「あっはっはー」と笑い声が聞こえました。「おはようでしょ」と友達に言われると、「あー間違えた」と一緒に笑い出しました。

ただの言い間違いだったのかもしれません……。でもこの光景が忘れられません。

自分の居場所、待っている人に…ただいま。会いたい、戻りたい、…そう心が向かう場所にも、「ただいま」と思うのでしょうか。

園生活は、泣いて笑って、喧嘩をしてはまた仲直りをして遊ぶ、この繰り返しです。でも、一番自分らしく過ごす大切な時間です。だからあなたがどんなに大きくなっても、どんなに離れていっても、ただいまの扉を開けたら、私たちはそこにいますよ。そんな気持ちになります。

「あなたの子ども時代があなたの支えとなるように…」

その願いがあるから、朝の「おはよう」を待っているのです。

子どもたちとの出会いは、決して期限つきの出会いだと思っていません。なぜなら、保育の世界には人の一生があることを知っているからです。ささやかで何気ない毎日ですが、一緒に過ごした日々は、いつか子どもたちの「記憶のぬくもり」になっていくと信じています。

第2章
アセスメント力

人と問題の本質を正確に見極める

　人や物事を正確に見極めることが、支援のスタートラインです。もしあなたが、受け持つ子どもや保護者を「問題がある人」と見れば、「抑え込む」しかないと考えるでしょう。しかし、相手の「別の部分」が見えてきたら、解決方法も増えてきます。

　実際、私たちは、人や物事の見た目や目立つところだけを理解する傾向があります。子どもたちの謎めいた行動にも深い意味があり、憤る人々にもちゃんと理由があります。まったく同じ場所で、同じ経験をしないとわからないことも多いのです。

　本章では、ソーシャルワークで活用しているアセスメントモデルを提案します。「人と環境という視点」「ライフヒストリーの視点」「ストレングス視点」、また「家族やチームをシステムとして見る」方法です。これらを活用すると、もっと人と問題の本質を正確に見極め、新しい見方を得ることができるでしょう。

06 人と環境を捉える
―エコロジカル・アプローチ

真由美先生

問題を抱えて悩む人とその環境の関係に気づくことで、ストレスとなる要因が見えてきます。どうすれば、子どもや親、同僚の環境を正しく捉えることができるのでしょうか。

Storyを分かち合う

　弱った銀の魚を見つけたのは、家の裏の濁った池だった。真由美先生と息子はその魚を持ち帰り、自宅の池に放した。数週間経ち、魚は元気になった。ただ、魚が泳ぐには池が小さすぎるので、元の池に戻すことにした。

　池の水を見たとき、汚れが気になりためらったが、思い切って放した。魚は勢いよく深みに潜っていった。

　1週間後、様子を知るためにあの池に向かった。しばらくして、息子の声がした。

　「お母さん、銀の魚がいたよ。でも動かないよ」

　見ると、岸に近い草の陰に銀の魚が浮かんでいた。その時、魚を汚れた池に戻したことを後悔した。魚だけを元気にしても、これから生きようとする場所が汚れているならば、魚は死んでしまう。そしてこれは、人間も同じではないかと痛感した。

原則を学ぶ

人と環境の関係を理解する「ソーシャルワークの視点」を取り入れる

銀の魚の教訓は、そのまま人にも当てはまります。問題を抱えて弱っている人だけを強めても、これから生きようとする環境が汚れていれば、人の命もまた危険にさらされるでしょう。大切なのは、人と環境の関係を考えることです。これはソーシャルワークの大切な視点であり、保育にも活かせる捉え方です。

直樹君のエコマップを描いてみよう

人と環境の関係は、エコマップというツールで捉えることができます。次の事例から方法を学びましょう。

> 直樹君は、保育園では元気な子。大好きな友だちは智之君で、いつも一緒に走り回っています。反対に、押しが強く、仕切り屋の有也君は苦手です。真由美先生には、甘えて何でも話していますが、口調の厳しい美智子先生の前では黙り込んでしまいます。
>
> 家庭の事情は複雑で、両親は喧嘩が絶えません。お迎えの時、直樹君を厳しく叱りつけることが多く、その様子から虐待やネグレクトも疑われています。直樹君は、一緒に園に通っている妹の面倒をよくみていて、二人は仲良しです。スイミング教室に行っていて、中級クラスの橋本先生や明君について、楽しそうに教えてくれます。

エコマップを眺めてみましょう。直樹君は誰からストレスを受けていますか？ また、誰と強い関係にありますか？ こうした環境で生活している直樹君の毎日を想像できますか？ 直樹君をとりまく環境をもっと温かいものに変えるために、どんなことができますか。

エコマップは、人と環境の関係が一目でわかるツールです。そこでまずは自分自身のエコマップを、次に同僚や子どもたちのエコマップを描いてみましょう。そこから、自分や彼らの抱えるストレスの要因がわかります。

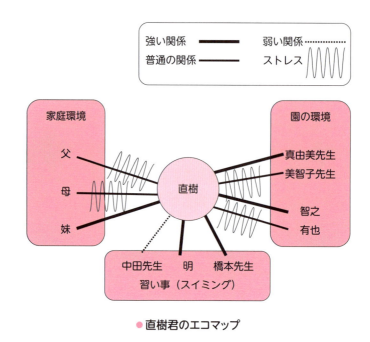

●直樹君のエコマップ

問題を解決するために、3方向へ介入する

　人々が抱えている不安を減らし、ストレスとなっている環境を温かいものに変えるためには、何らかの働きかけが必要です。ソーシャルワークではこれを「介入」と呼びます。

　「人と環境」への介入は3方向です。

❶　**人への働きかけ**…直樹君の不安に耳を傾け、スキンシップをとり、仲良しの友だちを増やし、自己肯定感を強めます。

❷　**環境への働きかけ**…両親が仕事や子育てでストレスを抱えているため、子どもに厳しく接することがあります。お迎えに来た母親に声をかけて子育ての悩みを聴くだけでも、直樹君を間接的にサポートすることになります。また、必要な社会資源やサービスにつなげることができます。

❸　**人と環境の接点への働きかけ**…直樹君と両親との接点には摩擦があり、ストレスな関係となっています。直接、間に入ることは難しいので、親子で参加する行事や活動で、一緒に過ごせるよう働きかけることができます。虐待やネグレクトの疑いがあれば通告し、関係を一時的に切り離すことで、直樹君を保護すべきです。

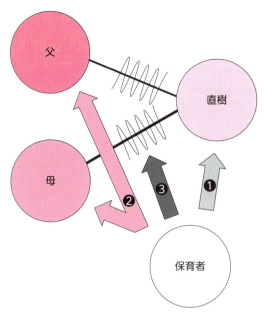

● 人と環境への3つの働きかけ

目指すは温かい環境づくり

　人、環境、人と環境の接点という3方向への介入により、直樹君にとっての環境を、以前より温かいものにすることが目標です。日々変化する「人と環境」を正しく捉え、ストレスを和らげ、温かい環境にすることで、直樹君は大きな力を得るでしょう。

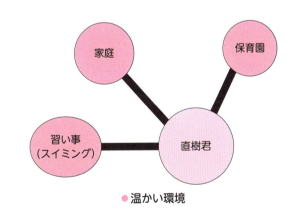

● 温かい環境

 あなたが気づいた「大切なこと」を書きとめよう

事例と演習　離婚・再婚の環境変化を経験する子どもたち

　大輝君（4歳）、奏太君（2歳）の兄弟は、母親が家を出てしまい、そのまま離婚になると聞かされた。真由美先生は、泣き虫だった奏太君をとても心配したが、特に変わった様子はなかった。しかし、次第に泣くことも笑うこともなくなった。

　新年度になり、家庭調書を見て、父親が再婚したことを知った。再婚相手には、奏太君と同じ年齢の連君がいた。突然母親がいなくなり、新しい母親や兄弟との生活が始まり、家庭環境は激しく変化していたのだ。

　不安や戸惑いを誰にも吐き出せず、奏太君が一人で抱えていたと思うと、とてもつらい気持ちになった。大輝君は「3人兄弟になった」と話すなど、落ち着いて受け止めている様子だった。

　奏太君を、0歳児の時に担任だった真由美先生がサポートすることになった。奏太君が家庭について話すことはなく、先生もそれを望んではいなかった。赤ちゃんが遊ぶ様子を一緒に見ながら、「奏太君は泣き虫でタオルが大好きだったよ」「ミルクを飲んでくれなくて先生が泣きたかった」など、何気ない日常を話すことを続けた。

　真由美先生は「ぬくもりの時間」と呼んでいたが、どの子どもも自分の赤ちゃん時代の話には特別な表情で聞き入るのだ。確かな安心を感じているのかもしれない。

　しばらくすると、奏太君は自然に膝に座るようになり「奏太はどうだったの？」と質問するようになった。何より、声を発したことを嬉しく思った。

　そしてある日、連君が泣いていると、奏太君が近づき頭を撫でた。連君は奏太君に抱きついて、ずっと泣いていた。このことをきっかけに、新しい母親ともやりとりができるようになった。母親も連君も、新しい生活に戸惑い、緊張感でいっぱいだったようだ。

　大輝君と奏太君の送り迎えは、祖父母から母親に替わった。連君からのお願

いだと、母親は嬉しそうに話してくれた。
　奏太君に「お兄ちゃんみたいだね」と真由美先生が言うと「お兄ちゃんだもん」と久しぶりの笑顔で答えてくれた。

---

1. 離婚、再婚と激しく変化する家庭環境は、奏太君や連君にどのような影響を与えただろうか。
2. 真由美先生の「ぬくもりの時間」は、奏太君にとってどのような経験だったと思うか。真由美先生はなぜそれをしようと考えたのか。
3. 奏太君の変化は、家庭にどのような変化をおよぼしたか。園でのかかわりは、家庭環境にどのように影響したのだろうか。

　どのような原因でも、離婚や再婚は子どもたちにとって危機的な経験です。時には奏太君のように、言葉や声、感情が出なくなることさえあります。このような時ほど、誰かに守ってほしいと願うものです。ですから赤ちゃんの頃に世話をした真由美先生の「ぬくもりの時間」は、奏太君をしっかりと守り、切れてしまった愛着の絆を少しでも修復することができました。
　真由美先生は、家庭環境の劇的な変化を知ってはいたものの、家庭という環境に介入し、温かいものに変えるべき立場ではありませんでした。そこでまず、目の前の奏太君に全力を注ぎ、園という環境を温かいものにしようと考えました。
　一つの環境が温かくなったことで、奏太君の得た力が連君に届きました。その力は、新しいお母さんにも届けられ、次第に家庭環境が安定してきました。真由美先生の小さな働きかけが、子どもから大人に、園という環境から家庭という環境にまで伝わったのです。
　もちろん、離婚や再婚だけが子どもの環境を脅かすものではありません。家族の誰かが病気になったり、親が失業したり、一緒に育った兄姉が自立して家を出る等の変化も子どもにストレスを与えます。保育者がこうした環境に直接介入する機会はあまりないですが、彼らの相談を受けることができます。ほんの少しの話を聴くだけでも、家族はストレスを和らげ、力を得ることができます。

> 小さな実践

弟が生まれて赤ちゃん返りがひどい佳奈ちゃん（4歳）の場合

　弟が生まれてから、指しゃぶりや爪噛み、泣きやすい、吐いてでも食べる、おしゃべりが止まらないなど、佳奈ちゃんに赤ちゃん返りがみられるようになりました。園では1対1でかかわり、要求にほとんど応えるようにしました。最も求めたのは、抱っこと添い寝でした。

　母親には主任が親代わりになり、悩みを聞くことにしました。「自分を責めないで」「誰にでもできないことはある」「赤ちゃん返りは母親のせいではない」と声をかけて、気持ちを楽にしてもらい、保育園が実家のようにリラックスできる場所となるように心がけました。

祖父母が子育ての中心になり、母親（嫁）が疎外感をもつ場合

　父親、母親、子どもの登場するお話づくりをしてもらいました。祖父母には、園の保育活動と伝えておきました。お話は、クラスでみんなに話すので、友だちの家族にも興味をもつようになりました。何よりも遠慮なく親子3人で過ごすことができるので、母親も子育てに参加することができました。続編のお話には祖父母も登場させると、5人で話し合いができるので、家族の新しい展開が期待できます。

休日保育のある他園に行く咲子ちゃん（5歳）の場合

　担任は「明日行くの嫌だな」という咲子ちゃんの気持ちをみんなに伝えて話し合ってみました。「月曜日に会えるから」「知らないお友だちのこと教えてね」と、心配したり、元気づける言葉が聞かれました。そこで、他園で教えてもらった手遊びや絵本などを月曜日に話してもらい、遊びや保育に取り入れることにしました。子どもたちは他園の様子や遊びに興味津々で、咲子ちゃんの話を楽しみにしていました。引っ込み思案だった咲子ちゃんは、人前で話したり表現することの楽しさを感じ、クラスのリーダー的な存在になっていきました。

人と環境を捉える

あなたが実践してみたいことを書き込んでみよう

―――
―――
―――

　泳ぐべき池を安全なものにしないと、結局、魚は弱り果ててしまいます。これは人も同じこと。人だけを強めるのではなく、日々過ごす一つひとつの環境を温かいものにしましょう。温かい環境から得た力は、やがて他の環境へと広がっていくものです。

07 ライフヒストリーから自分と他者を深く理解する
―ライフヒストリーの視点

裕子先生

誰でも、自分や他者の表面的な姿ではなく、奥行きを見通す力をもちたいと思います。そうすれば、もっと自分のことも相手のこともわかってあげられるでしょう。どうしたらライフヒストリーの視点から、自分と他者を深く理解する力が得られるのでしょうか。

Storyを分かち合う

　卒園式が近づき、裕子先生のクラスでは、保護者が自主的に集まり、子どもたちの「思い出アルバム」を作り始めた。撮りためた写真を一枚一枚アルバムに貼り付け、楽しいイラストやコメントを加えていく。完成したアルバムを手にとる子どもたちは、懐かしい思い出を振り返ることだろう。
　遠足、芋掘り、運動会、お遊戯会、クリスマス…。これらは忘れることのできない成長の記録であり、かけがえのないライフヒストリーだ。きっと子どもたちは、このアルバムの先にいくつもの出来事を加えていくだろう。そしていつの日か親になり、今度は自分の子どものために「思い出アルバム」を作ってあげることだろう。

原則を学ぶ

誰もが自分だけの歴史（ライフヒストリー）をもっている
　あなたはこれまで、自分の歴史を刻んできました。少し振り返ってみましょう。どこで生まれ、どんな家庭で育ちましたか？　幼い頃の記憶をたどることができますか？

保育園や幼稚園で楽しかった思い出はありますか？

　小学校の頃の忘れることのできない出来事、友だちの顔が思い浮かびますか？　やがて思春期を迎え、中学生になりました。初めての制服にドキドキしたり、定期試験に苦しんだり、塾や部活動で目標に向けて努力したことでしょう。

　やがて高校受験を経て、入学、新しい友達との出会い、時には争い…。クラスや部活の仲間との大切な時間、恋愛での悩み、将来の夢と現実の葛藤もあったことでしょう。卒業後は、大学や専門学校に進学したかもしれません。そこでも同じように、数々の思い出を刻み、やがて社会へ出て就職。今に至っています。

　あなたも周囲の人々も、みんな自分だけのライフヒストリーをもっています。これは価値ある財産なのです。

ライフヒストリーを振り返ってみよう

　ライフヒストリーの視点を学ぶために、まずは自分のライフヒストリーを振り返る必要があります。これまでどのような出来事があったのか思い出し、何を得たのかを書き込んでみましょう。

●自分のライフヒストリー

時代	出来事・得たこと
保育園・幼稚園	
小学校	
中学校	
高校	
大学・専門学校	
社会人	

07

ライフヒストリーを肯定的に振り返ることで、自分を理解し、自信を得ることができる

　自分のライフヒストリーを振り返ることで何を感じましたか？　すばらしい出来事がある一方で、思い出したくないこともあったかもしれません。悪い出来事も、時間が過ぎて良い教訓となったこともあるでしょう。

　ライフヒストリーを肯定的に振り返るならば、自分のことをより理解し、人生に自信を得ることができます。裕子先生は、若い頃の出来事を次のように回想しました。

> 「私は人とかかわることがとにかく面倒で苦手、自分でもあきれるくらい愛想のないしらけた子どもでした。
> 　『おはよう』と声をかけられても、うつむきながら逃げることばかり考えていました。自分を表現することのすべてが苦痛で仕方ありませんでした。もちろん、こんな自分がとても嫌でした。
> 　12歳の時、初めて赤ちゃんを抱っこしましたが、会話も表現することも必要とされないことが居心地よく思えました。すべてを委ねているような、ゆったりとした表情でした。目と目を合わせている時に、初対面の緊張だけでなく、自己主張や自己表現が苦手で、自分を好きになれない固い私の殻までも、ゆっくりとくだけていくようでした。心の内側で「想い」が行ったり来たりしたように感じたのです。
> 　『私も誰かのために伝えたい気持ちはあるんだ。言葉だけが大切なわけじゃない。想いは伝わる…』。心が動いた瞬間だったように思います。子どものまっすぐな気持ちの前では、私はごまかしたり、逃げたりすることはできないだろう。それならば、子どもの世界に飛び込ませてもらおう。私は大真面目に、こんな理由で保育者になろうと思いました」

　あなたにも、このような宝物の出来事があるはずです。それを肯定的に振り返る時、あなたは自分のことを、これまで以上に理解し、自信を得ることでしょう。

ライフヒストリーの中に強さ（ストレングス）を見出す

　誰でも、「自分の強さはどこにあるのだろう？」と考えることがあります。裕子先生

もそうでした。特に、新人の頃、失敗が続くと、自分の弱さを痛感し、落胆することばかりでした。そんな時、先輩が「これまで生きてきた自分の歴史をちゃんと見つめなさい、その中には、あなたが達成してきた沢山の出来事があるでしょう。そこに強さがあるんだよ」と教えてくれました。その時、初めて裕子先生は自分のライフヒストリーを意識的に振り返ってみました。すると幼い頃から忍耐強く努力してきた自分の姿を、何度も発見することができたのです。

　もし「自分には強さなんてない」と感じることがあれば、ライフヒストリーを見つめてください。そこにあなたは、驚くほどの強さを見出すことでしょう。

ライフヒストリーに目を向けると、相手の奥行きが見えてくる

　あなたは、周囲の人のライフヒストリーをよく知りません。なぜなら、彼らの人生の喜びや悲しみ、努力と達成、挫折、夢、目標等が織り込まれた道を一緒に歩いていないからです。ですから相手は、本でたとえるなら「表紙」だけで、あなたはその中身を読めていません。

　相手のライフヒストリーに関心をもち、耳を傾けることで、これまで以上に人の奥行きを見ることができます。裕子先生は、知り合いの女性が障がいのある子を何人も育ててきたことを知りました。その女性は結婚しましたが、子どもには恵まれませんでした。そこで子どもを養子に迎えることにしました。看護師だった彼女は自分のスキルを役立てようと、障がいのある子を何人も迎え、夫と協力して育ててきたのだそうです。これまでの苦労を知った裕子先生は、この女性の「表紙」しか見ていなかったと気づきました。そして、彼女の人生にもっと敬意を払うようになったのです。

主人公であるという意識をもつ

　生きてきた人生がどんなに小さなものに思えても、それでもあなたは主人公です。そして、周囲の人も同じように主人公です。こうした意識をもつと、人が生来、主体的な存在だと気づきます。みんな自分の人生の主人公であり、その舞台から降りることはできません。与えられた役割を演じ続けなければならないのです。

　あなたが子どもたちと過ごす時、彼らが主人公であること、だから嬉しいことや悲しいことから逃げずに、経験を受け止め続けることを教えてください。それがライフヒス

トリーの大切な視点です。

 あなたが気づいた「大切なこと」を書きとめよう

事例と演習 未婚で出産経験のない保育者の苦悩

裕子先生は、自分が未婚で出産経験もないことにつらさを感じていた。保護者の出産、母乳、夜泣きなどの悩みに答えても説得力がなく、「あなたにわかるの？」という反応をされてしまうので、0歳児の担任だった時、肩身が狭く息苦しい気持ちになってしまった。

母親として対応している保育者には「子どもについて語る資格がない」と言われているようだし、女性としても認められていないと感じ、「どうせ私は半人前、未熟者」と劣等感ばかりが大きくなっていた。

そんな裕子先生に、既婚で子どものいない美咲先生は「あなたの気持ちはわかるよ」と、いつも聞き役になってくれた。

ある日、美咲先生は、年長組のままごと遊びに裕子先生を誘い、一緒に遊んでもらった。そして「楽しかったでしょ。ママやパパ、お姉さん、ペットの犬…いろんな役で自分たちの遊びを作っているから、最高にいい顔してるでしょ」と言った。

遊びながら裕子先生は、歳の離れたきょうだいたちの面倒をみてきたことを思い出した。母のように優しく、父のように厳しく、いろいろな役割を一人でこなして世話をしてきたのだった。

「私にも子育ての経験があるじゃないか。両親は『大変なのに嫌な顔もせず

ありがとう。お世話が上手だね』と、いつも誉めてくれた。泣いたり笑ったりしながらみんなで成長してきたんだ。楽しかったな…人と比べることではなかった。私だからできることをみつけよう」

そんな気持ちが強くこみ上げてきた。そして「みんながママの役なら楽しいかしら？」と、美咲先生が最後に言った言葉を何度も思い出した。

1．裕子先生は肩身が狭く、劣等感が大きくなってしまった。あなたは裕子先生のような気持ちを感じたことがあるだろうか。
2．美咲先生は、裕子先生を「ままごと遊び」に誘った。裕子先生はそこから何を学んだのだろうか。
3．ライフヒストリーを振り返ることで、裕子先生は自信を得た。あなたにもそのような経験があるだろうか。

　結婚や出産などの個人的な経験が、保育者の能力や価値を決めることはありません。しかし残念なことに、心ない保護者や無知、偏見のある同僚や先輩の考え方に傷つけられることがあります。もしかすると、自分でそう思い込んでしまい、劣等感に悩むこともあるかもしれません。その場合、美咲先生のように支えてくれる人が必要です。

　美咲先生は、自分の経験からも裕子先生の気持ちを理解し、励ましました。それだけではなく、意図的に「ままごと遊び」に誘い、裕子先生にはこれまでのさまざまな人生経験があること、それらがすべて保育者としての力になってきたことを思い起こさせようとしました。

　裕子先生も、自分のライフヒストリーを思い出し、自信を得ました。そしてきょうだいたちを世話してきた経験を思い出し、自分自身の能力を改めて理解することができたのです。

07

> 小さな実践

〈保護者に対して〉
玲奈ちゃんの兄（卒園児）の不登校問題で、母親のライフヒストリーを一緒に振り返りました

　母親は、「不登校は自分の離婚のせいだ」「母親として失格だ」「子育てに失敗した」と、主任に気持ちをぶつけました。離婚の経緯や子育てのがんばりをよく知る主任は、母親と一緒に昔の出来事を振り返りました。そして「離婚はつらい決断だった。でも子どもたちは、いつも元気で笑っているお母さんが大好きだと言っていた」「思いやりと強さをもった子どもたちだった」と伝えました。

　母親は、愛情でつながっていることを信じて、兄と向き合いました。兄は進路面談で、担任に「ひとり親だから」と何度も言われ、母親が責められているようで頭にきたことを話してくれました。母親を守りたい気持ちが、不登校の原因だったのです。母親は「お前のことはまだ私が守るから」と、学校に話し合いに行きました。兄は驚いた顔をしていましたが、少し嬉しそうにも見えました。

〈同僚に対して〉
子育てを振り返ることで、自分自身の原点を見つけることができました

　パートの瞳先生は、「保護者は担任ばかり注目し、私は感謝も期待もされていない」と、仕事に意欲をもてずにいました。

　同僚は「保護者や周りの評価は気になるし、期待されなければやる気もでない。でも子どもとの信頼関係を築いている保育者が一番必要なんだよ。だからあなたは、子どもにとってなくてはならない存在だよ」と言葉をかけました。

　その言葉から瞳先生は、自分のライフヒストリーを振り返りました。「手のかかる子どもほど大事にしようと思ってきた。それは自身が『次男に発達障がいの傾向がある』と言われ、悩み苦しんだからだった。保育園の厳しく冷たい言葉に失望し、病院や支援センターで話を聞き、必死に勉強した。次男への誤解や批判にも向き合い、理解を求めた。

この経験があったから、子どもを助ける保育者になろうと思ったのだ」

　瞳先生は、ライフヒストリーから自分自身の原点を思い出すことができたのです。

 あなたが実践してみたいことを書き込んでみよう

_____

_____

_____

　ライフヒストリーの視点は、あなたの生きてきたすばらしい出来事を思い起こさせ、自信を与えてくれます。また、周囲の人々の表面的な姿ではなく、奥行きを教えてくれます。人生は深いものです。子どもであれ大人であれ、保育者は一人ひとりの人生から多くを学ぶことができます。

08 ストレングスを見出し活用する

―ストレングス視点

陽子先生

人には強さと弱さがありますが、どうしても弱さに目がいくことが多いです。どうすれば子どもや保護者、同僚たちの強さや良いところを見出し、支援に活用できるのでしょうか。

Storyを分かち合う

陽子先生は、娘の中学の卒業式で見た光景を話してくれた。

担任が、教室で生徒たち一人ひとりを前に呼び、卒業証書を手渡し、最後の言葉を贈った。順番に生徒たちが呼ばれている間、私は城君という男の子が気になっていた。茶髪で見るからに不良っぽく、先生の言葉に逆らい、野次ばかり飛ばしていたからだ。

やがて担任は城君を招き、他の生徒よりも長い時間をかけて話しかけた。時折、頭を小突いてみたりなでてみたり、遠くで見ていても愛情が込められていた。

城君は、最初ふてくされた様子で聞き入っていたが、突然、顔をおおって泣き出した。私が驚いていると、後ろの席の女子学生が一言、「城、やっぱり泣いた。きっと泣くって思ってた」と言い、周りのみんなもうなずいていた。私は城君のことを何もわかっていなかった。でもクラスメートたちは、彼のことをよく知っていたのだ。

ストレングスを見出す

　ストレングスとは、人のもっている豊かな能力や活力、知恵、信念、確信、望み、成長、可能性など、良い部分や強さを指します。

　最初、陽子先生は、城君の言動や行動から、せっかくの卒業式を壊してしまう問題児だとみなしていました。しかし担任やクラスメートは、彼の内面にある純粋な気持ちをわかっていたのです。それが城君のストレングス（強さ）であり、仲間はその強さを認め、大切にしてきたと知りました。担任が「みんなはもう卒業したのだから、間違って明日学校に来たらだめだよ」と冗談を言うと、城君は「ああ、俺、明日も学校に来ちゃおうかな」と言いました。その声は陽子先生の心に響きました。

ストレングスを10個見つけてみよう

　まずは自分自身、さらに、誰かのストレングスを10個書き出してみましょう。

● ストレングスを書き出す

自分のストレングス		○○○のストレングス	
1.	6.	1.	6.
2.	7.	2.	7.
3.	8.	3.	8.
4.	9.	4.	9.
5.	10.	5.	10.

誰かとライフヒストリーを振り返る時にストレングスを見出す

　自分のストレングスを見出すことができましたか。周りの人のはどうですか。うまく見つけられない場合、誰かと一緒にライフヒストリーを振り返ってみることを勧めます。

　「自分なんて何一つ良いところがない」と考えていた陽子先生に、同僚は「学生時代はどんなことしてたの？」と質問しました。そこで「ずっと吹奏楽でチューバという楽器を吹いていた」と話すと、同僚は「チューバってすごい低音で、高い音域のメロディをしっかりと支えているパートだよね。そういえば、あなたもそんなタイプだよ。みんなを下側からしっかり支えて、安心させてくれるもの」と言った。

　この言葉がきっかけで、陽子先生は、吹奏楽での経験が自分のストレングスになっていたことに気づきました。ライフヒストリーの中には、いくつものストレングスが散らばっています。自分では見つけられなくても、他の誰かが見つけてくれることが多いのです。

ストレングスを積極的に活用する

　高校時代は演劇部に所属し、人前で演じることが好きな裕子先生。園でも、得意な芝居を遊びに取り入れています。オーバーなリアクションやミュージカル風な踊りが、子どもたちに大いに受けています。保護者から理不尽な苦情が寄せられた時も、真由美先生と一緒に、大げさな身振り手振りで、上手に場の雰囲気を変えて、笑いに巻き込んでいます。  ストレングスを見出したら、積極的に活用しましょう。たくさんの良い影響が周りの人々におよぶでしょう。

見出したストレングスの活用方法を考えてみよう

　ストレングスは、活用することで伸ばすことができます。次の表を用いて、自分や誰かの具体的なストレングスを書き出し、どのように活用できるか考えてみましょう。

● ストレングスの活用を考える

見出したストレングス	活用方法
例（陽子先生） ○チューバという楽器が得意。低音の役割をよく理解している。	○上から命令するのではなく、話をよく聴き、チームを下側から支える役目を果たす。
○	○
○	○
○	○

ストレングスを伸ばすことで弱い部分を改善する

　美咲先生はアメリカ留学中、講師から「あなたの国では、コーチはスポーツ選手をどう指導するのか？」と聞かれたことがありました。その時先生は「弱い部分を強くするように指導します。試合で勝っても褒められたことはなく、できていなかったところを反省するように指導されました。日本には、『勝って兜の緒を締めよ』という諺があります」と答えました。

　すると講師は驚き、「アメリカのコーチは、選手が試合に勝ったら称賛し、そのプレイをいつまでも覚えておくように指導する。指導も、選手の良い部分をさらに良くすることに焦点を当てる」と説明しました。

　その時美咲先生は、できていない部分にばかりに焦点を当てるのではなく、ストレングスを伸ばすことで弱い部分も改善していくのだと理解しました。

あなたが気づいた「大切なこと」を書きとめよう

事例と演習　発達障がいのある保護者のストレングスを活かす

「秋祭り」は、保育者と園児、保護者が参加する園の大きな行事。遊びコーナーや棒パン焼き、長い巻き寿司チャレンジ等、企画段階からみんなで話し合って作り上げる。

担当メンバーによる最初の打ち合わせの後、保護者の杉原さんから相談があった。

「みんなが私を避けている…私のこと嫌いみたい！　話しかけても無視される…もう手伝いには来ない！」

後日、別の保護者からも相談があった。「杉原さんは、話し合いに関係ないことを言ったり、突然怒り出して雰囲気を壊したり、話がまとまらなくて困っている」とのことだった。

2回目の集まりで、話し合いがうまくいっていない状況がよくわかった。杉原さんは、他の人の意見一つひとつに自分の考えを一方的にぶつけ、コミュニケーションがうまくとれていない。以前、杉原さんが子どもの発達障がいについて話し、「私もそうなのよ」と大笑いしていたのを思い出した。

「他の保護者にうまく説明できない。どうしよう」と思っていた時、保護者の神谷さんが、杉原さんと一緒に担当すると言ってくれた。少し戸惑っていると、「大丈夫ですよ」と、早速二人で話し合いを始め、杉原さんは棒パン焼きの棒を運ぶことと、呼び込みの役をすることになった。

杉原さんは声が大きく、屋外での呼び込みではとても効果があった。誰にでも物怖じせず声をかけるので、棒パン焼きコーナーは盛り上がっていた。

後で神谷さんは、「子どもたちと同じように、親にも得意不得意があるのかもしれない。それなら得意なことで役に立てばいいんですよね」と話してくれた。聞いていた私たちは「そのとおりだな」とうなずいた。

神谷さんは教育関係の仕事をしていることもあり、さまざまな個性の子どもや大人に理解があった。そして「私も長女のことで悩んでいた…学校で集団になじめない。診断はないが、発達障がいかもしれない。頭では理解していても、

家ではイライラして長女を怒ってばかりいた。思いきって杉原さんとかかわりをもったことで、前向きな気持ちになれた。長女のいいトコ探しをしないとダメですね」とも話してくれた。

---

1. 杉原さんは、他の保護者とうまくコミュニケーションがとれていなかった。「打ち合わせ」時のそれぞれの言い分から、どのような困難さが考えられるか。
2. 神谷さんは、杉原さんのどのような特質を認め、活用しようとしたのだろう。
3. 人には弱さと強さがある。強さに焦点を当てたことでうまくいった出来事があれば、紹介し合ってみよう。

　発達障がいがある場合、意図的ではないものの、他人との衝突や混乱につながることがあります。保育者は、かかわる人の気持ちを汲み取り、状況を説明し、上手に話し合いを進めていく必要があります。

　事例では、神谷さんが「一緒に働く」ことを申し出てくれました。彼女は教育者であり、長女に発達障がいがあるかもしれず、「いいトコ探し」（ストレングス）の大切さを知っていました。実際、声が大きく大胆なコミュニケーションの杉原さんは、呼び込みで大活躍しました。それは、全員にとって嬉しい手助けでした。神谷さんが申し出なければ、

彼女は参加を拒否し、疎外感を抱き、双方にとって苦い経験になったかもしれません。

　誰にでも弱さがありますが、特に病気や障がいは、目立つ弱さです。ともすると、その弱さだけに目がいき、その人のもつストレングスに気づかないことがあります。目立つところに目を奪われず、いつも「強い部分はどこだろう」と考えて見出す努力をすれば、すべての人の中にストレングスを見つけることができます。そして、見出したストレングスを積極的に活用する時、問題は解決に向かいます。

小さな実践

「人の行動をいちいちチェックする、口うるさい子」と思われています

「よく気が利く」という考え方をすると「丁寧さ」というストレングスが見えてきます。

異年齢児とのペア保育では、衣服の着脱や食事の準備の手伝いをしたり、けんかの後になぐさめたり、上手にゲームの説明をしたり、何事にも丁寧にかかわることができました。どの子どもにも気を配り、こまやかに世話ができるので、頼れるお姉さんとして慕われています。

誰もが「おとなしくて目立たない先生」と思っていました

職員間では自己主張することもなく、目立つことが苦手な先生がいました。しかし子どもと遊ぶ姿は積極的で、ピアノは園の中で一番上手でした。

そこで主任は、この先生に年長・年中組合同のオペレッタ遊びのピアノ伴奏を担当してもらいました。伴奏だけではなく、各クラスの担任や子どもたちにもわかりやすく指導

してくれる様子から、普段は感じることのできない人柄に触れることができました。他のクラスからのリクエストで、この先生が中心となって次回のミニ演奏会を計画しています。

頑固で厳しい歩君のおじいちゃんは、お迎えの時に誰かれかまわず大声で文句を言うので、敬遠されていました

「うるさい！　静かに帰れ！」と誰にでも怒鳴りつけるので、他の保護者からもよく思われていません。そこで、以前は和菓子屋を営んでいたことから、「もちつき会に来てほしい」とお願いすると、快く引き受けてくれました。

当日、臼と杵で餅をついてもらうと、子どもたちは大喜び。食べた後も、餅について子どもから質問攻めでした。「餅のじいちゃん」と呼ばれ、腕相撲をしたり、筋肉比べをしたり、すっかり子どもたちのヒーローになっていたのです。おじいちゃんは、自分の昔話を自慢気に話し、子どもたちと打ち解けていました。

あなたが実践してみたいことを書き込んでみよう

人には、必ず良い面や強い面があります。そのようなストレングスに目を向けましょう。ストレングスを見出し活用していくことで、たくさんの貢献ができます。子どもたちにも、自分の良いところを見つけるよう手助けすることで、彼らも、周囲の人々の良いところを探すようになります。

09 家族やチームを システムとしてみる
―システムズ・アプローチ

桃子先生

家族やチームの中では、良い影響も悪い影響もめぐっています。そうしたシステムの特性を理解すると、元気のない子どもたちの状態がよくわかるようになります。それでは、家族や保育園というシステムにはどのような特性があるのでしょうか。

Storyを分かち合う

　桃子先生は、自分のクラスの明人君のことを心配していた。明人君の家は、祖父、両親、きょうだい2人の5人家族。今年に入ってから、姉の明菜ちゃんが学校に行かなくなった。今では夫婦が離婚の危機にあるという。それぞれのつらさが、家族全体におよんでいる。

　このことを職員会議で報告すると、裕子先生が「家族の中で誰かが苦しむと、みんなが苦しいんだよね」と言った。それを聞いた桃子先生は、改めて家族が「システム」であることを考えた。一人の悪い影響が全体におよび、一人の良い影響も全体におよぶ。それがシステムのもつ「怖さ」と「すばらしさ」なのだ。

原則を学ぶ

システムでは、一人の影響が全体におよび、全体の影響が一人におよぶ

　あなたはこれまで、家族、学校、部活やサークル、職場、さらに地域社会等、いくつものシステムに属してきました。システムとは、互いに影響を与え合う要素（メンバー）

で構成された集合体です。

　システムでは、一人の影響が全体におよび、全体の影響が一人におよびます。チーム全員の力は、一人ひとりの力の単純な合計ではありません。5人家族でも2人分の力しか発揮できないこともあれば、10人分の力になることもあります。「家族」や「チーム」に代表されるシステムは、まるで生き物のように、全体と部分が相互に影響を与え合いながら、目標に向かっていくのです。以下、システムの特性から問題の原因や解決方法を考えてみましょう。

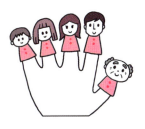

システム内のメンバー同士の影響は、円環（ループ）的である

　明人くんの家族では、父親が半年前に失業して酒を飲み始め、母親にストレスをぶつけていました。母親はそのストレスを、介護している祖父にぶつけます。祖父が暴言を受けているのを見て、明菜ちゃんは悲しみ、学校に行けなくなりました。

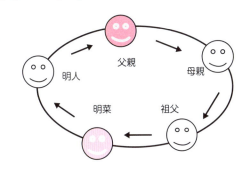

　その様子を見ていた明人くんは、とてもつらく感じています。このような家族の状況をみた父親はストレスを感じ、さらに酒を飲むという悪循環へとつながっています。

　このように、私たちが日常経験していることは、原因にも結果にもなり、システムの中をめぐっています。もちろん影響は、良いことと悪いことの両方におよびます。

システムは、均衡を保とうとする（ホメオスタシス）

　生命体には、内外の環境の変化や影響を受けながらも、形や性質を一定に保とうとする性質（ホメオスタシス）があります。この性質が崩れると病気になるのです。

　これはシステムにも当てはまります。たとえ明人君の家族が問題を抱えていても、そのままの状態でバランスがとれていれば、その状態を維持しようとします。この家族は長い間、5人でバランスをとってきました。しかし父親の失業により、バランスが徐々に崩れます。一人のメンバーの変化が家族全体の変化につながるからです。

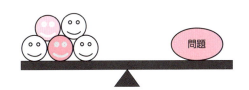

こうした変化に対して、家族全員が現状を保とうとします。それは父親が酒を飲み母親にストレスをぶつけ、母親が祖父に暴言を吐くなど、個々のストレス発散という形で現れるのです。

システム内の機能不全は、最も弱い個人に転嫁される

明菜ちゃんが学校に行けなくなったことを表面的に捉えると、この家族では「明菜ちゃんだけが問題」と見えます。しかし本当は、そうではありません。「明菜ちゃんに問題がある」という状態を維持することで、不安定ながらも、この家族はバランスを保ってきたからです。つまり明菜ちゃんは、家族の関係がうまくいっていないことの犠牲となっていました。本当の問題は両親の不仲であったり、母親の介護疲れだったりしますが、家族はそこから目をそむけ、「明菜ちゃんだけが問題」と考えることで、家族関係を維持してきたのです。

子どもたちは家族内で最も弱い個人なので、家族というシステム内で起こる大人の機能不全の犠牲者になってしまいます。ですから、子どもたちの調子が悪い場合、たいていは、家族の人間関係が原因であることが多いのです。

一人を力づけると、その影響が家族全体におよぶ

システムの性質を上手に使うと、良い影響が全員におよびます。保育者が園に来ている明人君と楽しく遊び、彼が元気になれば、その影響が母親におよびます。母親が元気になれば、介護をがんばり、祖父に暴言を吐かなくなります。そうすれば明菜ちゃんも悲しみを感じず、学校に行けるかもしれません。

こうした変化は父親を元気づけ、新しい仕事を探そうという気持ちにさせるかもしれません。単に園に来る明人君を元気づけたに過ぎないと思うかもしれませんが、その影響はシステムの特性により、家族全体に広がる可能性があるのです。

あなたが気づいた「大切なこと」を書きとめよう

事例と演習 嫁姑の対立が子どもたちに影響をおよぼした

　龍之介君（5歳）は、攻撃的な態度や言葉づかいが目立ち、担任の桃子先生は「問題児だ！」と困り果てていた。いくら注意をしても聞かず、さらに暴れ出してしまうのだ。
　桃子先生は、龍之介君の本当の気持ちがわからないことも気になっていた。そこで職員間で話し合い、効果のない注意を止めて、かかわりを変えることにした。乱暴な態度になっても「嫌なことがあったんだね、聞いてくれる人がいないと話せないよね」と言葉をかけて、見守ることにした。
　すると龍之介君は「みんなうるさい！　聞きたくない！」と叫びながらも、自分の気持ちを話し始めた。
　「お母さんとおばあちゃんは、僕のことでいつも喧嘩している。僕は悪い子なの？　悪いのは喧嘩をしているほうじゃないか。聞きたくない。イライラする！」
　龍之介君は、自分のせいで喧嘩になることを悩んでいても、どうしていいのかわからず、苦しんでいたのだ。龍之介君は問題児ではない。気持ちを受け止めてほしいだけだったのだ。そこで桃子先生は、安心して話せる環境を作り、どんな感情も吐き出せるようにして、「龍之介君は何も悪くないよ」と伝え続けた。
　龍之介君の母親と祖母は、結婚当初から不仲であったようだ。自慢の息子が選んだ相手が派手なヤンキー女であることが許せず、子育てや家事のすべてに口を出し、支配的に振る舞ってきたのだ。
　祖母は、エリートの息子を育てた自分の子育てを自慢し、嫁に見せつけるために、龍之介君に厳しく当たっていた。一方母親は、祖母へのストレスを龍之介君にぶつけていた。
　父親は、嫁姑の間に入っても責められてばかり。逆ギレして家を出ては戻ることを繰り返し、頼りにならない。このような中、弟は「兄ちゃんみたいには

ならない」と、祖母に気に入られるために、必死で良い子になろうとしている。大きな不安を抱えながらも、力のある祖母についていこうとしていたのだ。

その後、龍之介君は桃子先生を信頼し、落ち着いてきたが、結局両親は離婚し、母親は家を出た。父親は再婚して龍之介君を引き取ったが、弟は自分の意思で、今も祖母と暮らしている。

---

1. 桃子先生は最初、龍之介君を「問題児だ！」と考えたが、後に龍之介君が被害者だと気づいた。それはどういう理由からか。
2. 嫁姑の関係悪化の影響は、どうして龍之介君や弟におよんでしまったのだろうか。このような場合、子どもたちのために何ができるだろうか。
3. 弟の将来を考えた時、今後どのような問題が懸念されると思うか。

システムズ・アプローチから家族をみると、大人の問題がいかに子どもを犠牲にするのかがわかります。最初、龍之介君を見た保育者は、彼を「問題児」と訴えました。しかし龍之介君の家庭環境、特に嫁姑の争いを知るにつれて、子どもたちが大人の問題によって苦しめられている実態がわかってきました。

姑は、溺愛していた息子を奪った嫁に敵対心を抱き、龍之介君や弟の子育てに頻繁に口を出します。嫁も言われると悔しいため、きつく子どもに当たります。その結果、追い詰められた龍之介君は暴れ、逆に弟は自分を抑圧し、「良い子」を演じました。両者とも、自分が生き残るために考えた手段だったのでしょう。

システムズ・アプローチでは、機能不全（家族間の問題）はシステム内の最も弱い個人（子ども）に転嫁されると考えます。その視点を忘れてしまうと、子どもだけがいつも「問題児」となり、家族の問題は解決されずに残るのです。

システムの悪循環に気づいた保育者たちは、龍之介君を守ろうとしました。「龍之介君は悪くない」と伝え、安心できる環境を作り、感情を自由に吐き出せるようにしました。もちろんこの間に、システムが修復されるべきですが、子どもたちは、離婚、再婚など、システムの崩壊を経験しました。しかし園での安心できる環境があったので、龍之介君は落ち着きを取り戻し、父親とともに新しい家庭生活を始めることができました。

心配なのは、弟です。彼は強い祖母（もちろん孫を手放したくない）についていくことが生き延びることだと考え、一緒に暮らすことを決めました。後にこの祖母の体調が悪化したため、必死で祖母についていった弟の将来がどうなるのか、桃子先生は今も気にかけています。

小さな実践

友だちを叩く、蹴る、おもちゃを取って走り回る、大声を出して話を聞かない等、反抗的な恭也君は、担任にとって目障りな存在になっていた

　何をするにも、まず注意をすることから始まり、気がつくと１日のほとんどが恭也君を追いかけ回すことになっていました。他の子どもたちは、先生の気持ちが自分たちに向いていないと感じ、次第に恭也君の真似をして注目されたいと騒ぎ出してしまい、収拾がつかなくなっていました。恭也君も他の子どもたちも、満たされない不満を抱え、クラス崩壊の危機でした。

　相談を受けた主任は、次のことを話しました。
○恭也君だけが悪いという考え方にしない。
○恭也君の影響が他の子どもたちに伝わり悪循環が起こっていることに気づく。
○良い循環に戻すために「システムズ・アプローチ」の考え方で対応してみる。

システムズ・アプローチの考え方による対応
○恭也君に対して
　担任は、恭也君の反抗的な態度に感情的にならず「お話を聞くからおいで…」と、安心できる環境づくりを心がけました。怒りや不安を受け止めてもらい、信じる経験をすることで、恭也君は素直に甘えられるようになりました。また、お手伝いをお願いしては「助けてくれてありがとう」と感謝の言葉を伝え、頼れる存在に位置づけることで、他の子どもたちにも認められるようになりました。
○他の子どもたちに対して
　フリーの保育者が担当しました。「我慢したね、ごめんね」と不満の気持ちを聞いてあげました。自分たちにも目が向けられているという満足感や平等感を感じられると、

問題行動で注目されたいという気持ちもなくなり、落ち着いてきました。
○担任のメンタルサポート
　主任が担当しました。じっくりと話を聴き、具体的な対応を一緒に考えました。責めずにわかってあげることで気持ちが回復し、少しずつ自信を取り戻していきました。

　恭也君が落ち着き、他の子どもたちも満たされていくのを感じた担任は、一人の変化がやがて全体に広がっていくことを実感したのです。

あなたが実践してみたいことを書き込んでみよう
_____
_____
_____

　システムの特性をよく知りましょう。そうすれば、子どもたちが犠牲になっていることが見えてきます。大人の問題の陰で苦しんでいる子どもたちを、園というシステムで力づけましょう。一人が元気になれば、その元気がシステムをめぐり、広がっていきます。

コラム2 「誰にでも保育者1年生があったことを思い出してほしい」

4月、新人保育者の野村先生は、希望に満ち溢れてスタートした。緊張しながらも前向きな姿が微笑ましかった。しかし頭で描いていたようにうまくはいかず、主任に厳しい言葉をかけられることが多くなった。

そんなある日「先生だけど先生じゃない！」と子どもに言われてしまったのだ。先輩保育者の葛西先生が声をかけると「何をやっても失敗してばかり、私は子どもにも認められていない」と落ち込んでいた。

親子ほど歳の離れた葛西先生は、「1年目はすべてが勉強だから、何度も失敗しましょう。子どもだって園生活では大先輩ですよ、教えてもらう気持ちをもって一緒に育ちましょう」と励ました。

すると野村先生は、「本当は失敗が怖かった、何でもできる自分を見せたかった。先生が偉くて子どもは従うだけ、そんなふうに思っていたことが恥ずかしい」。そう言って涙を流した。

次の日、「りんちゃんの熱は36度8分か…」「こうき君の給食は…」という葛西先生の独りごとに、子どもたちは「いつも36度2分なのに高いね」「お肉はだめ、しゃけは食べられるね」と、何気ない日常をしっかり理解している返事をしていた。

「いつもありがとうね、新しい先生だってわからないことがたくさんあるよ。みんなが助けてくれるといいんだけどな」「みんなの先生になれるようにお願いね」と葛西先生が話すと、「大丈夫、心配しないで！」と元気な声が返ってきた。

それを聞いていた野村先生は、「子どもってすごいですね、なんかワクワクしてきました。仲間として認められるようになりたいです！」と、子どもたちに駆け寄って行った。

第3章
問題解決力

自信をもって人々を助け、人生に寄り添う

　生きていく限り、誰もが問題を抱えます。通常、人は問題を抱えると、自分が過去にうまく対処した方法に頼ります。しかしそれが行き詰まると、あきらめてしまうようです。あなたはどうでしょう？　目の前の問題を、これまでどのように解決してきましたか。新しい方法を試したことがありますか。

　問題を解決するためには、心理、ソーシャルワークなどの理論やアプローチを活用することができます。本章で取り上げる認知理論、行動理論、課題中心アプローチ、解決志向アプローチ、ナラティブ・アプローチ、危機介入、グリーフワークなどのエッセンスを新しい解決方法として加えるならば、自信をもって人々を助け、彼らの人生に寄り添うことができます。

10 物事を肯定的に捉え直す
―認知理論

真由美先生

コップに注がれた半分の水を見て、「半分しかない」と捉えて悲観的になる人がいる一方、「まだ半分もある」と捉えて感謝し、楽観的になる人もいます。どうしたら、物事をより肯定的に捉え直し、前向きになれるのでしょうか。

Storyを分かち合う

　真由美先生は離婚後、再就職で苦しんだ。何通かの履歴書を送ったが、良い返事はなかった。気持ちは追い詰められ、「子どもたちを養っていけるだろうか」と不安で眠れない夜を過ごした。そんな時、次の言葉を見つけた。
「二人の囚人が鉄格子から外を眺めた。一人は泥を見た。一人は星を見た」※
　これは同じ状況にありながらも、一人は物事の良い面を見つめ、もう一人は悪い面を見つめたことを示している。これまで自分は、不安という独房の中で、下ばかり向いていたために、泥だけが見えていた。そこでもっと目を上に向け、星を探そうと決めた。それは、自分の気持ちが少しだけ前向きになった瞬間だった。

※これはアイルランドの作家フレデリック・ラングブリッジの言葉である。

原則を学ぶ

良い面に目を向けると肯定的になり、悪い面に目を向けると否定的になる
　あなたは問題に直面した時、良い面と悪い面のどちらを見ますか。一般的に、良い面

を見ると肯定的な感情を抱き、悪い面を見ると否定的な感情に苦しみます。物事の捉え方が抱く感情を決め、次の行動につながっていく——これが認知理論の基本的な考え方です。

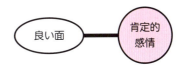

もちろん失敗し、思いどおりにいかなければ落胆し、「どうしてこうなるのか」とつらい気持ちになるでしょう。また、人間関係がうまくいかず、自分に非がないのに責められると悲しくもなります。それは当然のことですが、大切なのはその後です。ずっと同じ捉え方をして否定的な気持ちのままでいるのではなく、物事を捉え直して気持ちを切り替えるならば、より前向きになり、問題に立ち向かう力が得られます。

アルバート・エリスのABC理論を学ぶ

私たちは、出来事Aを経験した場合、それを自分の認知フィルターBを通して解釈し、そこから感情や行動Cという結果を得ます。出来事Aの後、すぐに結果Cにつながっているように思えても、瞬間的に認知フィルターBを通っているのです。

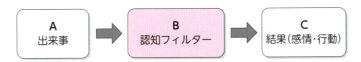

真由美先生は高校時代、がんばった期末試験の数学が60点だったことがありました。その時「あんなにがんばったのに60点か…残念だ」と落胆しました。しかし友だちの一人が、「50点だ！ やったー、よくがんばったな」と笑っていたので、驚きました。その後、試験の平均点が40点だったと知り、真由美先生は60点という結果に満足しました。

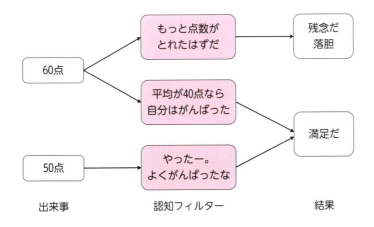

真由美先生は最初、認知フィルターで「もっと点数がとれたはずだ」と捉えていたので落胆しましたが、「平均以上だった」と捉え直したことで、満足できました。もちろん友だちは、最初から「よくがんばったな」と捉えていたので満足でした。このように、ABC理論は、認知のフィルターを変化させることで感情も変わることを示しています。

　誰でも物事に落胆し、否定的な思いを引きずることがあります。その場合、少し歪んだ否定的な認知フィルターで捉えているのかもしれません。そんな時には「本当にそうかな」「別の考え方はないのかな」と問いかけることで、少しずつ修正され、現実的・合理的な認知に戻り、感情も和らいできます。

自分の認知のクセを確認することがスタートライン

　楽観的な人もいれば、悲観的な人もいます。これは、私たちの認知に傾向やクセがあるからです。大切なのは、自分のクセを知ることです。そうすれば、偏った解釈をした時、それに気づき、修正することができます。

　ここで、ワークをやってみましょう。次の1〜6の出来事を経験した場合、どんな感情になるのかを記入し、その後どのような認知で捉えたのかを探ってみましょう。

● 自分の認知のクセを知る

出来事	感情	認知
1. 病気になった		
2. 試験で悪い点数をとった		
3. 仕事を解雇された		
4. 仲間はずれにされた		
5. 仲の良い友人が引っ越した		
6. 買いたかったものが手に入らなくなった		

　同僚が近くにいれば、結果を比べてみると興味深いことがわかります。ある人にとっては「つらい」ことが、他の人には「そうでもない」ことだったりします。その理由は、

認知フィルターで「どう捉えたか」が異なるからです。

　研修等でやってみると、隣の人が自分と違う考え方をすることに驚きます。中には、どれ一つ「つらい」とは感じない人々もいます。彼らは「そういうことは、よくあることだ」と笑っていました。

歪んだ認知vs合理的な認知を知ることで自己評価できる

　自分の認知と他の人の認知が違うことに気づくと、一体、歪んだ認知と合理的な認知の違いは何だろうと考え始めます。ここで、専門家の示したものを紹介します。

●エリスの非合理な信念、合理的な認知

非合理な信念	合理的な認知
世の中は公平でなければならない	世の中は公平であるにこしたことはないが、実際は公平であるとは限らない
成功しなければならない	成功するにこしたことはないが、人間だから失敗する。でも、失敗から学ぶことができる
すべての人に愛されたい	すべての人に愛されるならありがたいが、実際は、愛されなくてもともと。愛される、愛されないにかかわらず、何か行動を起こすほうがよい

　思い当たるところはありましたか？　合理的な認知から何かを学べましたか？

●ベックの陥りやすい認知の歪み

全か無か	白か黒、100％か0％かという両極端な見方
結論の飛躍	少しの困難から不幸な結末を想像する
極端な一般化	たった一度の失敗から「私はいつも失敗する」と考える
マイナス思考	物事のマイナスな面ばかりを取り上げ、プラスの面を否定する
根拠のない決めつけ	根拠なく、思いつきでうまくいかないと決めつける

　思い当たるところはありましたか？　どの歪みに陥りやすいですか？

リフレーミングにより、自身と他者の「捉え方」を変化させる

　これまでの認知の捉え方に対して、「本当にそうだろうか」「別の考え方はないだろう

か」と問いかけを始めると、次第に合理的で健全な認知を得ることができます。こうしたスキルを「リフレーミング」といいます。これは自分自身にも、また自分の周りの人々にも活用できます。

モンスターペアレントに悩まされていた真由美先生は、同僚からの助言で「彼女は自分なりにわが子を愛し、心配しているんだ」と気づきました。その後、さまざまな苦情を自分への攻撃と捉えていたのを、子どもへの愛情や熱心さの裏返しだったとリフレーミングしました。それによって、悪感情は少なくなりました。

あるきれい好きな保護者は、自分の家が子どもに散らかされることが嫌で、そればかりが気になり、子どもと部屋で遊ぶことさえしませんでした。

そこで園長先生は、「あと数年も経つとね、私の家のように子どもたちが誰もいなくなって、空っぽの部屋になるんだよ。その時、どんなに騒いでほしくても、散らかしてほしくても、声さえ聞こえない…それを想像できる？ 今、散らかっているのは、あなたと子どもたちがすばらしい人生を一緒に送っているという証拠なんだよ」とリフレーミングしました。それを聞いた母親は、子どもたちがいない部屋を想像して、涙が止まりませんでした。それからは、散らかった部屋を気にすることなく、子どもと遊ぶことができました。

ワーク（88頁の1～6の出来事）をリフレーミングを使って捉え直してみましょう。

 あなたが気づいた「大切なこと」を書きとめよう

事例と演習　若い母親―離婚そして自己否定

圭吾君の母親は、10代で2人の子どもを出産し、その後離婚。実家にも頼

れず、途方にくれた状態での入園だった。園全体で見守りながら接してきたが、圭吾君が反抗期に入ると、暴言や食事、衛生面など、気になることが多くなってきた。

「難しい年頃になってきたね」という主任の何気ない言葉に対しても、母親は「自分には味方がいない、若いからダメだ。妊娠、中退、離婚…すべてが失敗だと責められているようだ。何をしても非難される、もうどうでもいい」と言葉を吐き捨てた。自分にも周りにも期待していない、絶望的な気持ちを感じていたのだろう。

保育者たちは、母親を心配し話し合った。若いから未熟だということではなく、むしろ親になったことを肯定的に受け止め、ねぎらいの言葉をかける機会を増やした。反抗期に関する相談の時も「大切な命を産んでくれたね」「大きな決断をしてがんばってきたね」等、子育て経験のある真由美先生が中心となり、母親を支えた。他の先生たちも「準備してくれてありがとう」等、些細な会話にも「ありがとう」の言葉を使い、愛情や安心を感じさせる関係づくりを心がけた。

真由美先生は、自身の子育ての失敗談などを話しながら、「子育てはみんなつらいけど、これからは楽しい時間を作りましょう」という気持ちを伝えていった。母親は次第に、真由美先生を母親のように慕い、「孤独でつらかった、後悔ばかりだった」と弱音を吐けるようになり、「子育ての悩みはみんな同じなんですね」と笑顔を見せるようにもなった。

その後、2人の子どもが小学生になると、再婚の報告があり、「保育園は大家族のようだった。卒園して私自身が一番さびしく感じた…」。そんなことも話してくれた。

---

1. 何もかもうまくいかず、自暴自棄になっていた母親の気持ちを想像してみよう。あなたは「すべてが失敗だと責められているような気持ち」になったことがあるだろうか。
2. 保育者たちは、この母親のどんなところを肯定的に捉えようとしたのか？　それはなぜだろう。

3. 母親は、次第に保育者に弱音を吐き、笑顔を見せるようになった。肯定的に捉えることで、母親に何が起こったのか。

　もしもあなたが、10代で妊娠、出産、そして学校を中退し、結婚、離婚という人生での大きな出来事を立て続けに経験したら、この母親がどれほどのストレスを感じたのかがわかるでしょう。彼女は「すべてが失敗」と自分を責め、絶望的になっていました。確かに、否定的なことに目を向けるなら、誰でも彼女のように感じることでしょう。

　そこで保育者たちは話し合い、彼女が経験した出来事を「肯定的」に捉え直せるように助けました。彼女が「母親になること」「命をもたらすこと」「一人でも子どもを守り育てること」を選んだことを称賛し、それがいかに大変なことであるかを分かち合ったのです。保育者たちは、彼女の選択はすばらしいことであり、彼女一人だけで格闘させてはならないと感じたのでしょう。

　母親は真由美先生を信頼し、何でも話せるようになってきます。時には弱音を吐き、相談し、助言を受けるようにも変わってきました。彼女にとって園は家庭、真由美先生は親代わりだったのかもしれません。つらい時期に支えてくれた家族のような愛を、この母親はずっと覚えていることでしょう。

小さな実践

いつもお迎えが遅くなってしまう子どもに対して

　「どうせみんな帰っちゃうもん」とすねてしまい、いつもつまらない時間になっていました。「ママのおいしいご飯を教えてくれるかな？」と得意な料理や作り方を聞いたり、出来上がりの絵を描いたりしてお迎えを待ちました。保育者は、自分で作った時の感想を話したり、うまく作るコツを聞いたりしました。「次は何を教えてあげようかな」と親子での話題にもなり、大好きなママを待つ楽しい時間になりました。

子どもに厳しくあたる体育会系の父親に対して

　競争心がないのは一人っ子だからだと決めつけ「男のくせにダメな奴だ」と否定的な言葉ばかり言っていました。担任は、「クラスで困ったことがある時には相談にのって

くれます」「人の話をよく聞くことができます」「相手の立場を理解し、じっくり考えることができます」「勝ち負けだけではなく、問題を解決しようとする気持ちが感じられます」等と伝えた。

また「最近は、友だちの将棋の話を興味深く聞いていますよ…お父さんと勝負するのもおもしろいですね」と話すと「なるほどね〜、意外に冷静なんだな」と上機嫌になりました。その後、この子は将棋クラブに通い始めました。

ノリのよい保護者が苦手な同僚に対して

おとなしい先生が、うまく冗談を返すことができず、会話そのものをプレッシャーに感じていました。「相手の会話のペースに合わせる必要はないよ。コミュニケーションは大事だけれど、保護者は友だちではないので、線引きは必要だと思う」と伝えました。

そして、「あいさつだけ大きな声で言ってみるとか決めて、それができたらOKとしましょう」「おっとりとした会話も気持ちが落ち着くよ」「だらだらと巻き込まれない気持ちをもつことは、大人として魅力的だね」と伝えました。その先生は、「私は大人として振る舞えている」と思えたことで自信をもち、苦手な保護者にも積極的にあいさつをするようになりました。

 あなたが実践してみたいことを書き込んでみよう

....

....

....

どのような物事にも、肯定的な面と否定的な面があります。しかし問題を抱えると、人は否定的な面にしか目が向きません。そんな時、保育者が肯定的に捉え直してあげることで、その人の見つめる世界が変わります。失望は希望となり、力が湧いてくるでしょう。

11. 適切な行動・習慣を増やす

——行動理論（応用行動分析）

裕子先生

子どもたちは、いつも試行錯誤。うまくできたことは繰り返すようになり、失敗したことはやらなくなります。では保育者は、どうすれば彼らの望ましい行動を増やせるのでしょう。

Storyを分かち合う

　裕子先生と勇太先生は、クラスの子どもたちと遊園地に行き、迷路に挑戦した。チームに分かれてゴールを目指すが、途中、何度も道に迷った。時には「同じ場所」に戻ってしまい、子どもたちは「ここは前に来てダメだったところじゃないか」とつぶやいた。
　そのうちに、パターンがあることに気づいた。2つのドアが出てきたら、右のドアに正解が多いのだ。そこでまずは、右を選んだ。「やっぱり正解だ！」うまくいくたびに、勇太先生は嬉しそうに叫んだ。
　試行錯誤を繰り返しながら、ようやくゴールにたどり着いた時、大きな達成感を得た。目標とするタイムよりも早く着けたので、ご褒美ももらった。
　帰り際、この経験が何かに似ていることに気づいた。その時、ミッキーマウスの姿が目に浮かんだ。「そうだ。ネズミの実験だ！」。

原則を学ぶ

うまくできたことは繰り返すが、失敗したことはやらなくなる

　昔、心理学者は、さまざまな仕掛けのある迷路のような箱にネズミを入れ、その反応を観察しました。ネズミは、試行錯誤を繰り返すうちに少しずつ学習と工夫を重ね、箱から出てくる時間が早くなりました。こうした実験を経て、ネズミだけではなく、人も「ある行動の結果が満足だった場合（成功体験）、その行動を繰り返し行うが、満足しなかった場合（失敗体験）は行わない」ことに気づきました。これは「効果の法則」と呼ばれています。

効果の法則
ある行動の結果が…
満足　⇒　繰り返す　　　不満足　⇒　行わない

　裕子先生は小学校の頃、あまり上手に人と話せませんでした。劇の練習の時、役の台詞を上手に言えなかったことで、周りに言葉を発するのを怖がるようになったのです。
　心配した母親は、音楽であれば気持ちを出せるかもしれないと思い、ピアノを習わせることにしました。やがて裕子先生はピアノが大好きになり、コンクールに入賞するほどになりました。それがきっかけで、次第に積極的な子になっていったのです。裕子先生にとって、ピアノは成功体験だったのでしょう。

効果の法則を活かした応用行動分析（ABA）

　効果の法則は、行動理論の基礎として、子育てや保育、障害児・者への療育に活かされてきました。この行動理論を実践で活用できるようにしたものに「応用行動分析（ABA）」があります。
　応用行動分析は、**刺激**、**行動**、**結果**という3つの流れで人の行動パターンを分析、理解するものです。望ましい行動が起こるような刺激を与え、それによって行動することができたら、結果を強化し、定着につなげます。

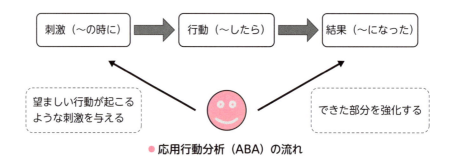

● 応用行動分析（ABA）の流れ

行動を3つの流れで分析し、失敗のパターンを成功のパターンに変えていく

> 大介君は、おもちゃの片づけが苦手です。今日も先生から「大ちゃん、おもちゃをきちんと片づけるようにね！」と言われています。がんばってやろうとしましたが、やっぱり飽きてしまい、散らかったままです。
> その光景を見た美智子先生は「大ちゃん、どうしておもちゃを片づけられないの！」ときつく叱りました。すると大ちゃんは「うるせー」と叫び、暴れて、ドアを何度も拳で殴りつけました。

これらの行動を分析すると「失敗のパターン」になっているのがわかります。成功のパターンに変える上で重要なのは、**行動した結果に対する報酬**です。せっかくがんばったのに、大ちゃんが得られたものは、残念なことに先生からの「叱責」だけでした。それが新たな刺激となり、大暴れしたのです。それでは美智子先生は、どうすればよかったのでしょうか。

結果をスモールステップに分けて、できた部分を称賛（強化）する

応用行動分析では、結果をスモールステップに分けます。そして、「できた部分」を強化するために、「褒めたり」「ご褒美を与えたり」して、成功パターンを積み上げます。

適切な行動・習慣を増やす

なぜならば、効果の法則により、うまくできたことは繰り返すからです。

繰り返すたびに大ちゃんが自信を得て行動が定着すれば、最後には全部やり遂げられる可能性も出てきます。

「できなかった部分」を叱ると、失敗したことはやらなくなるので、投げ出すことになるでしょう。子どもでも大人でも、最初から完璧にはできません。望ましい行動を増やすためには、小さくてもその行動を認め、その人が望む報酬によって強化することが重要です。

報酬を控え、不適切な行動を減らしたい場合、適切な行動を増やすことを一緒に考える

子どもに自害や他害の傾向があれば、行動を抑制する必要も出てきます。その場合、不適切な行動を減らすために、やむを得ず報酬を控えたり、罰を与える場合があるかもしれません。しかし平常の保育においては、報酬を控えるよりも、適切な行動を増やす方法を考えましょう。

報酬を控える場合は、適切な行動も一緒に増やすことを勧めます。例えば、悪ふざけする行動は気に留めずにおきます（注意すること自体が子どものかまってほしいという欲求を満たし報酬になっているため）。そして、適切な行動が少しでもみられた時には、すぐに褒めるようにします。このように、行動への弱化と強化をバランスよく、一貫したルールで行うとよいでしょう。

 あなたが気づいた「大切なこと」を書きとめよう

事例と演習 発達障がい児への行動アプローチ

どんな気持ち?

　ADHDの傾向がある海君（4歳）は、担任がいない時にイライラを爆発させることが多くなっていた。怒りの感情のコントロールに難しさがあることは理解しているが、慣れない保育者は落ち着いて対応できない。

　先に自分の言い分を聞いてほしくて大声で叫んだり、暴れたりするので、さらに大きな声で制止しようとして、混乱するばかりだった。

　海君の気持ちを落ち着かせるために、裕子先生は絵カードを使うことを考えた。友だちや先生の顔、笑う、怒る、泣く等の表情の顔を描き、「誰と遊びたいか？」「今どんな気持ちか？」を、選んだカードを使いながら話してもらうことにした。

　絵カードを見ながら、裕子先生は「○○君が意地悪したのね？」「海君は怒っているの？　もうプンプンなんだね…」と、話を受け止めることを繰り返した。

　友だちと喧嘩をしていても、「海君のお話聞きたいな…」と声をかけると、海君はカードを持ってきて話してくれるようになった。担任は、そうした行動をすぐに褒めることも忘れなかった。カードを選ぶためにいったん場所を離れることでクールダウンでき、さらに聞いてもらえるという嬉しさと安心感があるので、落ち着いたやりとりができるようになった。そして、「○○君も怒ってプンプンなんだよ」と、相手の気持ちを伝えると、嫌々ながら「わかった…」と理解できるようにもなった。

　最近はカードを取りに行くのが面倒になり、暴れている途中でも「カードなしでお話する〜」と自分から来てくれるようになり、裕子先生と手をつないで少しだけ待つことができるようになった。

1. 怒りのコントロールが難しい子どもたちについて話し合ってみよう。彼らのことを

よく知らないと、保育者はどんな対応になりやすいだろうか。
2．カードを使ってかかわることは、海君にどんな効果があっただろうか。またそれは、どうしてだろう。
3．似たようなケースや取り組みがあれば、紹介してみよう。どうして適切な行動を増やすことが子どもたちに必要なのだろう。

　海君は怒りの感情のコントロールが難しく、他の人のちょっとした言動に反応して暴れてしまいます。通常、そうした不適切な行動には、あまり注目しないほうがよいのですが、慣れていないと保育者が反応して大声で制する等、逆効果になってしまいます。子どもにとって、どんな形でも注目されるのは報酬であることを覚えておきましょう。

　発達障がいやその傾向がある場合、応用行動分析に基づくアプローチは効果的です。裕子先生は、海君に対してカードを使って対応することにしました。絵が描かれてあるので、海君にとっては楽しそうな活動で、良い刺激を受け、先生の指示に従った行動をとり始めます。裕子先生とのマンツーマンの時間は、それだけで海君にとっての報酬ですが、上手にできた時に褒めてくれたことで、繰り返しやってみたいと思ったことでしょう。こうした良い習慣を増やしていくことが、このアプローチの目的です。

　いったん習慣ができ上がると、必ずしもカードは必要なくなります。「相手はどんな気持ちなのか」「自分はどういう気持ちなのか」と考える習慣がついたからです。子どもたちが問題行動を起こす時、悪循環に陥っていることがほとんどです。それを断ち切り、良い刺激によって適切な行動を引き出し、それを称賛し強めるならば、心地よく、楽しく、自分の行動に自信をもてるようになるでしょう。

小さな実践

〈良い行動を増やすためのかかわり方〉

ADHDの怜音君（4歳）は、仲良しの斗真君が気になって仕方がない。斗真君に用事があって呼んでも、すぐに聞きつけて「怜音も、怜音も…」と、何かとライバル意識があるようだ。

　怜音君が友だちとトラブルになっていたり、片づけを嫌がっておもちゃを投げつける等、うまく行動できていない時には、「斗真君ちょっと」と呼んで一緒に片づけたり友だちを慰めたりしました。

やはり、斗真君に注目するのが気になるようで、「怜音もやる〜」とついてきます。「斗真君ばっかり何で？」と言いながら怜音君もがんばってくれるので、結局二人とも褒められることになりました。追いかけっこのように怜音君ばかり注意することもなくなり、褒められることで良い行動も身についていきました。

自閉傾向のある陽菜ちゃん（3歳）は、思いどおりにならないと噛みついたり、物を投げつけたりする。注意や制止をしてもパワーアップして、三輪車を投げつけようとしたこともあった。

　一度、怒りが爆発した時にふとんの収納スペースに逃げ込んだことがありました。しばらくして、自分で出てきた時には落ち着いていました。そこで、一時的に避難できる場所として、段ボールでミニハウスを作りました。ミニハウスで落ち着くと自然に集団に戻ることができ、「ほしかったの？今度は『ちょうだい』って言ってみようね」と声をかけると、

「そうだね」と答えてハイタッチをするなど、機嫌もよくなりました。興奮した状況では言葉による指示は入りにくいので、落ち着く方法を考えながらうまくいく経験を増やしていきたいと思いました。

湊君（5歳）はADHDの診断を受けたばかりだが、父親が熱心なので家庭との連携がスムーズにできた。

　時計に興味をもたせて一緒に行動したり、見通しをもって課題に取り組む様子等、父親はいろいろと話してくれました。保育園でも「時計の針が6になったら手を洗いに行くからね」と声をかけると、自分で気づいて得意顔で教えてくれました。以前は「どうして終わるの？　まだやりたい」と不満や混乱がありましたが、今は自分で納得して行動することで、自信になっているようです。両親は子どもの気持ちを受け入れることに難しさを感じていましたが、「一緒に成長できることは嬉しいです」と話してくれました。

適切な行動・習慣を増やす

 あなたが実践してみたいことを書き込んでみよう

::

::

::

　　子どもたちの望ましい行動を強めて増やしたいのであれば、それを強化することです。彼らのやる気や姿勢、行動をしっかりと認め、称賛するなら、子どもたちはその結果に「うまく出来た」と満足し、良い行動が増えて、成功パターンを繰り返すことでしょう。それがいつしか習慣となれば、容易に崩すことはできません。良い行動の習慣ほど堅固なものはないからです。

12. ワンステップずつ解決する

―課題中心／解決志向アプローチ

美咲先生

「問題はすぐに解決できたらいいのに」と思います。しかし物事は、少しずつ動いていきます。大きな問題は小さな課題に分けて、その課題をワンステップずつ解決していきましょう。

Storyを分かち合う

　美咲先生は、子どもたちとドミノ遊びをした。部屋の端からみんなでドミノ牌を慎重に並べていく。その日は花の形に並べてみた。

　最初のドミノ牌を倒す役目は順番になっていて、今日は千尋ちゃんだった。そっと近づいてゆっくりと倒すと、ドミノは花の形をしながら次々と倒れていった。最後のドミノが倒れると、子どもたちは「やったー」と一斉に叫んだ。

　終わった後、美咲先生は、子どもたちに「小さな楽しいことがつながっていくと、大きな楽しさになるんだよ。今はその意味がわからなくても、きっと思い出す日がくるからね」と伝えた。

原則を学ぶ

小さな変化が大きな変化につながる

　美咲先生と子どもたちは、ドミノ倒しの遊びから、小さな変化が大きな変化につながることを体験しました。人々の問題を解決することも同じです。

　問題を抱えると、誰もがその大きさや重さに圧倒され、「解決なんてできない」とあ

きらめることがあります。そんな場合、どうしたらよいのでしょうか。

まずは、大きな問題をドミノ牌のような小さなステップに分けて並べます。次に、最初のドミノ牌を倒すのです。すると変化が始まります。1つの小さな変化が次の変化につながり、やがて大きな変化、つまり解決に至るのです。

美咲先生は毎朝、園児一人ひとりの顔を見て、「おはよう、元気？」「今日も素敵だよ」と声をかけます。それだけを見ると、「そんな簡単なことで何が変わるのだろう」と思うかもしれません。しかし、5、6年間、ほぼ毎日のように言葉をかけてもらえたら、子どもたちの心に大きな変化が起こります。こうしたスモールステップを積み重ねる方法について学んでいきましょう。

課題中心アプローチ──問題を小さく切り分けた「ターゲット問題」に取り組む

まずは「課題中心アプローチ」の手法を紹介します。

❶解決すべき問題の塊を小さく切り分け、取り組む人が自分の努力で解決できる大きさの「ターゲット問題」とします。

❷次に、ターゲット問題を解決する過程を、「課題」と呼ばれるいくつかの小さなステップに分けます。

❸問題を抱えている現在の地点が「スタート」で、解決された目標地点が「ゴール」です。

❹スタートからゴールまで一足飛びには行けないため、間に小さなステップの「課題」を設け、それに取り組みます。

ワンステップずつ目標に近づくプロセスは、保育者と子ども、保護者が一段ずつ階段を登ることに似ています。

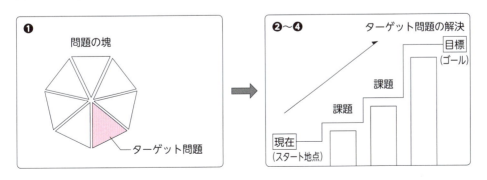

短期間で効果を上げたい場合は綿密な計画（約束と役割）が必要

　課題中心アプローチは、短期間で効果を上げることを目指します。そのためには、あなたと相手の間に、綿密な計画が必要です。次のような役割を決め、時間の制限を設けて実行します。

> 何を課題とするのか？　相手は何に取り組むのか？
> あなたは何を手伝うのか？　いつまでにそれをするのか？

　そして、このアプローチの根底には、次のような考え方があります。

> 人には、課題を与えられると達成しようとする主体的な能力がある
> 人は、締め切りのある事柄から優先して行う

　登園をしぶる広大君は、4月、保育園の門までやってきました。そこで美咲先生は、「園庭のウサギ小屋まで一緒に行き、ウサギを見る」ことを次の課題とし、お母さんも協力しました。

　連休前には、ウサギ小屋まで来ました。その後、「園庭のブランコで遊ぶ」「砂場で他の子と遊ぶ」「お母さんと一緒に教室に来て、おもちゃで遊ぶ」「他の子とおもちゃで遊ぶ」「みんなで給食を食べる」と課題を設定し、夏休み前にはゴールに到着しました。

　このアプローチでは、広大君が主役としてがんばり、美咲先生やお母さんはコーチとして励まし続けました。そして課題が達成できた時、一緒に喜んだのです。

　その他、季節の行事や歌、劇の発表会等を思い返してみると、課題中心アプローチが自然と応用されていることに気づきます。「子どもたちが感じ、考えたことを表現する力を高める」ことが、発表会の大きな目標だとすれば、完成させるためには、綿密な計画の下、園児たち一人ひとりが、何をいつまでにするのかを決めて、制限時間の中で取り組むでしょう。そして達成できた時には、先生も園児も喜ぶのです。

解決志向アプローチの手法を使う

　解決志向アプローチも、ワンステップずつ問題解決に導く手法です。根底には次の考

え方があります。

> ① 問題の原因と解決方法は別のところにある
> ② 変化はいつも起きている
> ③ 小さな変化は大きな変化を起こす
> ④ 人は解決のための資源をもっている

美咲先生は新人の頃、思うように保育ができずに悩んだことがありました。主任だった陽子先生は心配して、美咲先生にスーパービジョンを行いました。陽子先生は、解決志向アプローチを活用しました。

未来の解決像を見る（ミラクル・クエスチョン）

陽子先生：今晩、寝ている間に奇跡が起こり、朝には問題がすっかり解決していれば、それはどんなことから気づき始めますか？
美咲先生：きっと身体全体が軽くなって、心配事も何もなくて、さあ今日も元気に園に行くぞ！　という気持ちになったら…かな。

解決志向では、「どうしてこうなるのか」「何が原因か」を追求せず、まずは問題が解決した姿をイメージします。ミラクル・クエスチョンはそのためのものです。

人々は問題から解放され楽しそうに仕事をしている自分の未来像、みんなと仲良く遊んでいる未来像を眺めるかもしれません。そのような未来の「解決像」が、一つのゴールとなります。目的地がはっきりと見えることで、回復への旅がスタートします。

現在の場所から未来像に近づくために何ができるか（スケーリング・クエスチョン）

陽子先生：0－10スケール（10がすべて解決した状態）で自分の現在の状態を考えてみたら、今はどのくらいの数字かな？
美咲先生：4くらいです。
陽子先生：どうやって4になったの？
美咲先生：自分ではなく、子どもたちの元気が力かな。
陽子先生：とりあえず、いくつになれたらいい？
美咲先生：1つ上がって5になれたら…。
陽子先生：5はどういう状態で、何が起きていると思う？
美咲先生：今よりも、子どもに話しかけることが増えているかも。
陽子先生：5の状態に近づくために、絶対にできることを1つ選ぼうか。何がしたい？
美咲先生：子どもに、「おはよう」って元気に声をかけようかな…。

　スケーリング・クエスチョンで美咲先生は、自分の状態を4と答えました。陽子先生はそこを出発点として「4であることの中身は何か」「そこにどんな成功体験が含まれているのか」を尋ねています。多くの場合、問題を抱えている人は、できていないことに目が向きますが、低い数字であっても、「うまくできたこと」を見つけることが大切です。

　その後、陽子先生は「いくつになれたらいい？」と尋ねます。これは目標とする像を問いかけているのです。それに対して美咲先生は、「5になれたら」と答えます。次に陽子先生は、「5という状態では何が起きているのか？」と尋ねることで、現在より状態が1つだけよくなっている「像」をイメージするよう促しています。そしてその「像」に近づくために課題を考え、行動を起こすように導いています。この時の課題は「～を始める」等、肯定形で表現し、自分がすでにもっている資源を活用するのがよいでしょう。

3つの基本的なルールに従う

　課題を進めるにあたり、従うべきルールがあります。

> ① うまくいっていること ⇒ そのまま続ける
> ② 一度でもうまくいったこと ⇒ もう1度試してみる。うまくいったら そのまま繰り返す
> ③ うまくいかないとき ⇒ 何でもいいので違うことをしてみる

　次の日から、美咲先生は子どもたちに「おはよう」とあいさつを始めました。それは、先生が決めた課題でした。ルールに従い、うまくいかないときは、違うことを選び直します。一度でもうまくいったと感じれば、もう1度試してみます。

　そうしているうちに、二度三度とうまくいき始めたら、継続しましょう。解決することに集中して続けていくうちに、4から5の場所に行くことができるのです。

　大切なのは解決することなので、「うまくいっていること」を追求します。うまくいかないのに同じ方法を繰り返す場合がありますが、それはやめて、何か違うことをやってみましょう。一度でもうまくいったことがあれば、それが例外だとしても、例外を拡大し、いつもうまくいくことに定着させます。こうしてワンステップずつ解決像に近づく過程で、問題が解決していくのです。

  あなたが気づいた「大切なこと」を書きとめよう

事例と演習　無口で恥ずかしがり屋な子どもへのスモールステップ

　尚人君（4歳）はとても無口で恥ずかしがり屋。子ども同士で遊ぶ時は笑ったり話したりするが、大人に対しては何も言えなくなる。「誰と来たの？」「何色にする？」「これは尚人君の？」と聞いても、緊張とあせりで声にならない。

言いたい気持ちはあるのに言えないので、笑ってごまかすことも多くなっていた。

運動会が近づき「全員リレー」に参加することを知った尚人君は、体操着を見るだけで泣き出していた。そこで、応援隊としての参加を提案したところ、母親は「みんなと一緒に走らせたい」と言った。

美咲先生は、尚人君が電車が好きなことを思い出し、遊びながらの練習を考えた。まず、牛乳パックで新幹線の車両を作り、みんなで遊んだ後、「よーい、ドン」で走って車両を拾う。そして番号を確認し、順番に並ぶという内容である。子どもたちが連結することを楽しみ、速さを競うよりもみんながいるからできるという気持ちを大切にした。

尚人君も、朝から友だちに誘われて走る姿が見られ、運動会を楽しみにするようになった。ゼッケンに使う車両の絵を描いている尚人君に「みんなと連結するの?」と聞くと「するよ〜」と、すぐに返事が返ってきた。そのことを母親に話すと、「家でも一緒に練習している」と嬉しそうに教えてくれた。家ではバトンを渡す時「ガッチャーン」と言って連結するそうで、そのままやらせてもらうことにした。

運動会当日は、全員が「ガッチャーン」と言いながらバトンを渡すので、大笑いだった。結果は尚人君のチームが一番遅かったが、子どもたちは「連結、完了!」と言い、笑顔を見せていた。尚人君にとって、この経験は大きな自信になったようで、その後は自分から「おはよう」と声をかけてくれるようになった。

---

1. 言いたい気持ちはあるが、緊張で声にならない経験があるだろうか。またそのような子どもを知っているだろうか。どのように助ければよいのだろう。
2. なぜ、新幹線の車両づくりのアイデアが尚人君に効果があったのだろうか。あなたなら、どんなアイデアを考えるだろう。
3. 難しいことでも、ワンステップずつ解決できることがある。そのような経験があれば、同僚と分かち合ってみよう。

緊張で上手に自分を表現できない子どもたちがいます。彼らにとって、運動会や発表会等、人前に出る大きな行事は苦痛かもしれません。もちろん、保育者のあなたにも同じ経験があるかもしれません。尚人君にとって、運動会は目の前に現れた巨大な問題の塊だったことでしょう。でも、助ける方法があります。それは問題を切り分け、小さなステップにすることです。

　新幹線の車両づくりは、電車好きの尚人君にとって魅力的でした。担任はこのように、いつも子どもたちの好きなことを覚えているものです。さらにすばらしいのは、小さくて楽しそうなステップに活動を分けたことです。「牛乳パックで電車を作る」ことなら、尚人君はできると感じたのです。このように「楽しそう」「ワクワクする」「できるかもしれない」という気持ちにさせることが大切です。

　難しそうに見えることをワンステップずつ解決してきた経験が、あなたにもあるでしょう。それは合唱や吹奏楽、バスケットボール、バドミントンだったかもしれません。一つひとつのステップを達成するたびに楽しさが増し、ワクワク感が高まります。「できるかもしれない」が「できた」という達成感につながる経験を、子どもたちは必要としているのです。「どうして緊張するの？　原因は？」と突き詰めるのではなく、「どうしたら解決できる？」と考えるほうが、有益な場合が多いことを覚えておきましょう。

小さな実践

男児（3歳）の登園しぶりに悩む母親

毎朝泣いて大変。姉が小学1年生になってからはさらにひどくなった。あれこれと理由をつけて暴れる…。

　母親の関心がいつも姉に向いていると感じていたのかもしれないので、朝を楽しい時間にしてみるように提案しました。

❶姉を小学校まで一緒に送る。

❷散歩がてら歩いてみる。

❸手をつないで話をし、小学生にあいさつをするなど、お兄ちゃん気分を味わってみる。

　姉を送った後は、自分が保育園に行く番だと張り切るようになりました。ゆったりとした朝に変えてみることで、親子の気持ちにも余裕ができました。また、散歩の話をみんなに話したいので、元気に登園できるようになりました。

男児（4歳）がクラスの友だちと仲良く遊べない

何でも一番になりたくて、友だちの邪魔をする。遊びを仕切りたがる。友だちが命令を聞かないと、キレて叩いたりつねったりする…。

「エネルギーがあり余っている」と考えて、次のような支援を行いました。

❶朝は年長組と異年齢交流の時間を作る。
❷リーダー的な男児とペアで過ごす。

その結果、手づくりおもちゃやブロック遊び等、いろいろな工夫に刺激を受けて、「自分もやりたい」と意欲をもって遊ぶようになりました。また、お兄さんたちを頼り、話を聞く態度も落ち着いてきました。クラスの活動に戻ると、お兄さんたちの口調をまねながら、友だちに教えたり面倒をみたりする場面が増え、友だちとの遊びを楽しむようになりました。

何でも友だちの言うとおりになってしまう女児（5歳）

友だちに「貸して」「遊ぼう」「仲間に入れない」など、何を言われても「あ、はい…」としか答えず、表情にも気持ちを表すことがありません。「本当は何て言いたいの？」と聞くと、「嫌だ」「遊びたくない」「仲間に入りたい」と話してくれました。担任は子どもたちの会話に入り、仲立ちをしました。

❶本当の気持ちを担任に耳打ちしてもらう。
❷担任が別の子どもに耳打ちする。
❸伝言ゲームのように順番に伝えてもらう。

最後にみんなに「せーの…」で答えを言ってもらいます。正解すると大喜びしますが、実は友だちの本当の気持ちを知ることになっているのです。やりたい子どもが増えて、いつの間にか「内緒ごっこ」という遊びになっていました。言いづらいことも楽しそうに話せるようになりました。

あなたが実践してみたいことを書き込んでみよう

いつか大きな変化があると考えている人がいますが、そうした機会はあまり来ません。ですから、今日できる、小さくてささいなことを大切にしましょう。それを続けることで、大きな達成につながります。問題解決は、小さな変化の繰り返しなのです。

13. 物語(ナラティブ)を使った解決
——ナラティブ・アプローチ

恵子先生

問題が人生の道を塞ぐとき、それまで紡いできた物語は行き詰まり、先が見えなくなります。そして「自分の人生は元々問題だらけだった」と思い、力を失ってしまうのです。どうしたら、もう一度自分の真実の物語を手に入れることができるのでしょうか。

Storyを分かち合う

その日、退職する恵子先生はあいさつで次のように話した。
「当時、自分はずっと裏道を歩いているような気がしていました」
幼い頃、恵子先生は父親から暴力を受けて育った。中学ではいじめを受け、高校では不登校も経験した。その後はがんばって復学し、保育者となった。

働き始めてすぐに結婚したが、夫の暴力のため、離婚を経験した。自分で子どもを育てた経験がなかったため、園では自信をもって子どもたちとかかわることも、保護者に助言することも難しく感じた。周りの先生を見ていると、理想的な人生を歩いているように思え、うらやましくさえ感じたという。

しかし恵子先生は、問題を抱えている子どもたちを助けることに力を尽くした。だからこそ、彼女が退職するこの卒園式に、それまでの教え子や保護者がたくさん集まり、感謝の気持ちを伝えようとしていたのだ。

> 原則を学ぶ

私たちは物語によって、自分や自分の人生を意味づけている

私たちは人生で数多くの出来事を経験します。それは、記憶の中に散らばる写真のようなものです。その写真を一枚ずつ選んでつなげていくと、一つのまとまった筋書きの物語（アルバム）ができます。そこにタイトルが付され、自分の物語が完成します。この物語によって、「自分はどのような人間か」「自分の人生はどういうものか」を意味づけています。

恵子先生は当時を振り返り、「自分は裏道を歩いているようだ」と語りました。その頃の彼女は、虐待やいじめ、不登校を経験し、社会から否定的に意味づけされ、メインストリーム（主流）から大きく外れた物語を生きていると感じたことでしょう。

アルバム「虐待・いじめ 不登校」　　アルバム「メインストリーム」

主流の物語（ドミナントストーリー）の陰に、宝物のような出来事が隠れている

恵子先生はその後、夫の暴力と離婚を経験し、保育者の自分に自信をもてなくなりました。その時彼女を否定的に支配し続けていたものが、主流の物語（ドミナントストーリー）でした。

この物語には、過去の失敗と劣等意識、そこから生まれた精神的苦痛等の否定的な問題が染み込んでいます。そして多くの場合、<u>この物語だけが自分を語る真実の物語であると信じ込んでいるのです。</u>

しかし恵子先生は、たくさんのすばらしい出来事を経験してきたのです。ただその時の写真は、主流の物語と同じ意味づけがないため、未整理のまま、選ばれることなく記憶の中に散らばっています。

ナラティブ・アプローチでは、このような「隠された出来事（宝物）」に光を当てようとします。

人から問題を切り離す（外在化）

　ナラティブ・アプローチは人の内面に原因を探ったり、探し当てた欠陥を責めるのではなく、外から入り込み、苦しめている問題を人から切り離して追い出し（外在化）、主流の物語を解体します。恵子先生を長く苦しめていた問題は「自分は、人と比べて落ちこぼれた人生を歩いてきた」という劣等意識でした。

　支援者は、この問題に「怪物」等の名前を付け、「怪物はいつから入りこんだのか」「どのように暴れるのか」「どのように苦しめるのか」と対話しながら、イメージの力を使って切り離します。

　外在化は、子どもにもできます。登園をしぶっていた子に、母親は「きっとお腹の中に、何でも嫌っていう『嫌だ虫』が入ってしまったんだな」と言い、「その虫はいつやってきたの？」「どんなことを言うの？」「お母さんと一緒にその虫と戦って追い出そうか？」と声をかけました。そして毎朝「さあ、虫と戦うよ！」と、おもちゃの刀や銃を向けて遊び始めました。続けていくうちに、子どもは「虫がいなくなったよ」と言い、園に通えるようになりました。

新しい物語（オルタナティブストーリー）を紡ぐ

　主流の物語を弱めると同時に、「隠された出来事」に光を当てます。真っ白なアルバムを手にして、散らばった宝物の写真を集める旅に一緒に出かけます。そこでは驚くような発見があるでしょう。

　主流の意味に合致しない（つまり例外的な）写真を見つけたら、アルバムに収めます。一つの出来事が次の出来事とつながり、物語を紡いでいきます。

　恵子先生は、幼少期から青年期にかけての否定的な環境でも、くじけることはありませんでした。ずっと自分の夢を追いかけてきたのです。保育者になってからは、問題を抱える子どもや保護者たちに熱心にかかわりました。再婚することも、子どもを育てることも叶いませんでしたが、退職したその日、たくさんの教え子や保護者が彼女を称えました。それは彼女にとって、真実で確かな物語だったのです。恵子先生はその日、たくさんの花束や手紙を受け取り、何枚もの記念写真を撮りました。その一枚が、今も彼女の家の居間に飾ってあります。

ナラティブのエッセンスを保育に活用する

ナラティブのエッセンスは、保育のさまざまな場面で活用できます。ある園児には、ADHDの障がいがありました。この子の人生の物語は始まったばかりです。もしも母親や保育者が障がいばかりに目を向けるなら、主流の物語は「ADHDに支配された物語」になるでしょう。しかし、ADHDを子どもから切り離し、「隠された出来事」に目を向けけ、子どもがもつ本来の能力を取り戻し、新しい物語をもたせることもできるのです。

ADHDに限らず、障がいのある子をもつ母親は、それまでの自分の物語が行き詰まるため、物語の土台を語り直し、新しい物語を加えなくてはならないでしょう。ナラティブ・アプローチは、保育者自身が自分を支配する主流の物語と向き合う機会も与えてくれます。否定的な家庭環境や結婚、子育ての機会がなかったことで、長年苦しんできた保育者もいます。彼らは「隠された出来事」に目を向けることで、新しい自分の物語を手にするでしょう。

 あなたが気づいた「大切なこと」を書きとめよう

事例と演習 障がいのある子どもが生まれた

聖夜ちゃん（5歳）のもとに、待ち望んでいた妹の奈緒ちゃんが生まれた。彼女はクマのぬいぐるみをだっこしたり、ミルクをあげる練習をしたり、お姉ちゃんになる喜びでいっぱいだった。両親も聖夜ちゃんの成長を感じ、これからの生活や夢を描いていた。

しかし、健診で妹の異常を告げられた。病院での検査を勧められ、その結果、「麻痺がある」と言われ不安のどん底に突き落とされてしまった。

13

母親は「障がい者になってしまった」「なぜうちの子なのか？ 何か悪いことをしたのだろうか？」。自分を責めた。そして「誰にも話せない。自分の子が特別な目で見られるなんて耐えられない」と、不幸な妹の存在を隠したいと思うようになった。

そんなある日、聖夜ちゃんが、首も座らず手も握り返してくれない妹に「お姉ちゃんと一緒に保育園に行こうね」と話しかけているのを見て母親は衝撃を受けた。「聖夜はすべてを受け入れている。そして、奈緒にも未来があることを信じている」「奈緒は不幸ではないよ。誰かと比べて嘆いているほうが不幸なことだよ」と聖夜ちゃんがそう教えてくれていると感じたのだ。

次の日、聖夜ちゃんの提案で散歩に出かけた。母親は、周りの視線が気になって顔を上げられなかったが、聖夜ちゃんは「一緒に散歩したかった、嬉しい」とはしゃいでいた。

すれ違うお年寄りが奈緒ちゃんをじっと見ていると、聖夜ちゃんは「ちょっと病気なの。でもかわいいでしょ」と話しかけた。そのお年寄りは「あなたの妹に生まれて幸せだね」と言葉を返した。幸せという言葉に母親は涙が止まらなかった。

「障がいをもつ子どもに産んでしまったことを申し訳なく思い、母親であることがつらかった。でも聖夜は素直で、愛情豊かに育ってくれていた」「本当の幸せに気づかせてくれた子どもたちに、感謝の気持ちでいっぱいです」と穏やかに話す母親は、お年寄りの「幸せ」という言葉に自信を取り戻しているようだった。

1. 健診で子どもに障がいのあることがわかった母親は、どのような気持ちになったのだろう。
2. 母親は、長女からどのようなことを学んだだろう。長女と母親の「物の見方、考え方」はどのように違ったのだろうか。
3. 母親は、障がいのある子どもをもったことで、今まで考えていた自分の人生の物語に修正を加えなければならない。保育者として、どのような支援ができるだろう。

子どもに障がいがあることがわかり、母親の人生が一変しました。子どもを産んだ自分を責め、育てていくことに強い不安を感じました。自分に起こった不幸を見つめ、人生に突然入り込んできた問題に圧倒され、行き止まりを経験していたのです。

　しかし長女は、妹の存在を喜んで受け入れ、「お姉ちゃんと一緒に保育園に行こうね」「ちょっと病気なの。でもかわいいでしょ」と、妹を含めた自分たち家族の物語を歩こうとしています。こうした長女に導かれ、母親は新しい物語を作り出せそうな気持ちになりました。

　保育者が母親と話す場合、まずは彼女の危機的状況を受け止め、感情をオープンにしてもらいます。母親は「どうしてこんなことが自分に起こったのか」と、気持ちを外へ向け始めるでしょう。保育者は、入り込んできた問題は「障がいのある子」ではなく、人生が思いどおりにいかなくなった「憤り」、新たなチャレンジに向き合えない「怖れ」「不安」であることを確認し、それらに対して力を合わせて立ち向かい、問題を外へ動かしていきます。

　そして、長女と同様に子どもを受け入れ、家族としてこの先の物語を思い描けるようにサポートします。それは、これまで考えていた「主流の物語」ではないけれど、「この子が私たち家族のもとに来てくれて幸せだね」と考えられる物語になることでしょう。

小さな実践

一緒に物語を語ったりお話を考えたりすることで、相手を助けることができる
仮想の「ディズニーランド」

　友だち同士が集まり、家族旅行の話…バイキングやおみやげコーナー等、普段聞き慣れない言葉に夢中になっていました。次の日、夏実ちゃんが「先生、ディズニーランドに行くんだよ」と言ったので「すごいね、みんなで行くの？　楽しみだね」と返事をしましたが、担任は小さく首を振っていました。以前にも夏実ちゃんは、ウサギを飼っている話をしていましたが、本当ではなかったということでした。

　夏実ちゃんは話を続けます。「ディズニーランドに行く時はパジャマで、着いたらドレスを着る。おしゃれなキラキラの靴を履いてお散歩をする」等、話が終わることはありません。気がつけば1時間30分ずっと話し続けていました。この日だけでは終わら

ず、土曜日の朝は必ずディズニーランドの話になりました。しかし、どんな話も「いいね、そうしよう」と受け入れて、とことん楽しむことにしました。夏実ちゃんは、本当に生き生きとした表情を見せていました。

夏実ちゃんは、朝一番に保育園に来て、お迎えは一番最後。母親と妹の3人家族で、旅行に行く余裕などなさそうです。むしろ、現実を理解しているからこそ、空想の世界で思いきり楽しみたいのかもしれません。

四度目の土曜日に「ああ、楽しかった」と、晴れやかな顔で「先生、ありがとう」と言いました。お話の世界で満たされるから、現実を受け止めることができるのかもしれません。

ラーメンメニュー

アレルギーが原因で除去食を食べている大和君は「ラーメンを食べてみたいな」と話してくれました。担任は、すぐにチラシの写真を切り抜き、ラーメン屋さんごっこを始めました。大和君も切り抜いて、ラーメンのメニュー表を作ってくれました。太麺とちぢれ麺の違いや、スープの種類等、テレビ番組顔負けの説明もしてくれました。いつか本物のラーメンを作りたいと、自分でラーメン本を描いて、みんなに見せていました。

お話を考えることで、大和君は自由で楽しい気持ちを思いきり味わっていました。それは、我慢ばかりの現実を乗り越えていく力になったのだと感じました。

 あなたが実践してみたいことを書き込んでみよう

....
....
....

子どもたちが「自分だけの物語」を作れるように手助けをしましょう。落ち着きがない、反抗的、暴言、暴力等、否定的で目立つところばかりに目を向けず、「隠された出来事」を集めて新しい物語を作ってあげてください。彼らはその物語を生涯大切にするでしょう。

14. 危機や喪失を経験している人を支える

―危機介入／グリーフワーク

真由美先生

危機や喪失を経験すると、人は恐れや不安で前に進めなくなります。「なぜこんなことが起こったのか」と問いかけても、誰も答えを知りません。どうしたら、悲嘆の道を進む人々と一緒に歩くことができるのでしょう？

Storyを分かち合う

真由美先生は、美加ちゃんのことを心配している。彼女の家は、親が協議離婚中であり、夫婦は子どもを通して話をする。運動会も別々に見ていた。園に来ると、美加ちゃんは両親の口喧嘩の様子を話し続ける。

「仲良くしなさいって言ってるくせに、家ではママもパパも仲良くしていない。私が喧嘩すると怒られるのに…」と周りに話し、捨て身でSOSを出す。そして、真由美先生にべったりとくっつき、自分をアピールし続ける。しばらくして夫婦は離婚し、美加ちゃんは急に黙り込むようになってしまった。

原則を学ぶ

危機的状況にある人々に敏感になることで、より支えることができる

離婚は、美加ちゃんにとっても親にとっても危機です。それぞれが苦痛を感じています。真由美先生は、彼らのことを気にかけています。

あなたも保育者として、苦しむ家族を目にしてきたことでしょう。彼らを心配し、声をかけて見守り、子どもには普段よりも抱っこやおんぶをして、母親の話を聴いてあげ

たことでしょう。そのことを、彼らはいつまでも覚えているに違いありません。

　危機的状況は、数えきれないほど起こります。病気や事故で突然親しい人がこの世を去ったり、地震や津波で被災し、家や家族を失うこともあります。保育者がこのような危機や喪失、悲嘆にある人々に敏感になることで、彼らをもっと慰め、守り、支えることができます。

危機を経験すると、心身に深いダメージを被る

　黙り込んでしまった美加ちゃんを思うと、とても胸が痛みます。危機に直面すると、人はショックや混乱、不安、抑うつ、虚脱感、怒りを伴う悲嘆の感情を経験し、激しい精神的苦痛や身体的な機能障害に陥ります。生活は混乱し、問題解決能力が低下します。それが突然の出来事であれば、なおさら衝撃も大きく、悪夢やフラッシュバックを経験します。

　もちろん、すべての危機が否定的な結果に至るわけではありません。危機は私たちに、他の方法では得られない成長の機会を提供することもあります。いずれにしても、危機にどう対処するかが、その後の人々の状態を決める大きな分かれ道であることは確かなのです。

危機介入の基本ステップ
❶感情をオープンにする（悲嘆作業）

　まずは、美加ちゃんの気持ちを外へ出してあげます。彼女は愛着の対象を失う危機にあるため、スキンシップを増やして「つらかったね」と言葉をかけてあげましょう。また、感情に合う絵本や物語を一緒に読み、気持ちを分かち合うこともできます。

　大切な人やものを喪失する体験では、怒りや悲しみの感情を心の奥底に押し込めてしまうので、そのような感情を外へ出してあげる悲嘆作業が必要です。大人は言葉で感情を表出できますが、子どもには難しいことだと覚えておきましょう。

❷危機を現実的に知覚できるように助ける

　人が受けたダメージの大きさは、危機をどう知覚しているかでわかります。夫婦に

とって、この離婚は自らの選択であり「受け入れることのできる出来事」であっても、美加ちゃんにとっては「自分が半分に引き裂かれる経験」かもしれません。子どもにとって、親は絶対的なものなので、失う経験は過小評価できません。

　美加ちゃんにとっては、現実を歪めて知覚するほうが楽なので、自分を責め、罪悪感を抱く可能性があります。ですから真由美先生は、「美加ちゃんは悪くないよ」「お父さんとお母さんは一緒に暮らせなくなるけど、これまでと変わらず二人ともあなたを愛しているよ」と繰り返し伝え、現実を正しく知覚するよう促しました。

❸対処能力を探る

　真由美先生は、身体を使って美加ちゃんと一緒に遊んだり、歌を歌ったり、美しい音楽を聞いたり、海や山、自然の草花を見たりしながら、彼女に合った方法を探りました。

　大人は、緊張や不安を和らげるために、過去に試して成功した方法を試みようとします。散歩をしたり、買い物をしたり、コンサートへ行って気を紛らわしたり…しかし子どもは、どう対処したらいいかわからず、不安を押し込めたり、いきなり爆発させたりするものです。

❹社会的なサポートを強化する

　美加ちゃんに祖父母や叔父、叔母がいれば、彼らからのサポートが必要です。大人も子どもも、信頼できる人々とつながって生きています。これらの人々からサポートを受けることで、危機に立ち向かう強さが得られます。

　両親はよく「どちらと暮らしたい？」と尋ねることがありますが、それを子どもに決めさせることには慎重さが必要です。どちらか一方を選ぶことは酷なことなのです。

　夫婦が子どもを伴侶代わりにすることも、相手の悪口を言って子どもを自分の味方につけることもしてはなりません。保育者は、周りの大人が何よりも子どもを優先してサポートできるように助言しましょう。

子どもの悲嘆反応を受け止める──グリーフワーク

　大切な人やものを失うとき、子どもの悲嘆反応はさまざまです。ある子は、「お父さんが病気で死んだのは、自分のせいだ」という気持ちをもっていました。また別の子は、大好きだったおばあちゃんが死んだ後、ご飯が食べられなくなり、その後、「赤ちゃん返り」が長く続きました。また怒りっぽくなったり、いい子になりすぎる子もいます。

子どもは悲嘆の気持ちを感じていますが、それを言語化できないため、心に押し込めたり、乱暴な行動で表すことがあります。周囲の大人はこうしたサインを見逃さず、すぐに対応するべきです。

　まず、子どもたちが安心して悲嘆の感情を表現できる場所と人を準備します。子どもが話したい場合、言語化する力に応じて誠実に話や気持ちを受け止めます。言葉を使うのが難しい場合、おもちゃ、絵本、お絵かき、工作、身体を使った「遊び」を通して、子どもたちが「怒り」「恐れ」「不安」「罪悪感」を外へ出せるように助けます。おんぶや抱っこ等のスキンシップは、引き裂かれた愛着の傷を温める助けになります。

愛する人々の死──悲嘆の道を一緒に歩く

　病気や事故、災害等で、愛する人が命を失う場合、悲嘆という真っ暗なトンネルに入ります。大人も子どもも、このトンネルの中では「なぜこのようなことが起こったのか」という問いかけを繰り返しながら、長い期間絶望に打ちひしがれます。ショック、否認、怒りや敵意、罪悪感、孤独という闇が深く、前に進めない状態が続きます。

　あなたは、こうした悲嘆の道を一緒に歩くことができます。多くの言葉は必要ありません。彼らがどのような態度、言動であっても受け入れる温かい気持ちを示しましょう。

　母親を病気で失った彩ちゃんは、あまりのつらさに言葉を発することができなくなりました。真由美先生は、彼女をこれまでどおりの笑顔で迎え、思いきり抱きしめ、おんぶし、くすぐり、じゃれついて遊びました。一緒にお花に水をあげ、一緒に給食を食べました。時々、お母さんの思い出を話したいか尋ね、いつでも聞いてあげました。真由美先生は、孤独を感じながらトンネルを歩く子どもの隣を一緒に歩き続けたのです。

　数年後、彩ちゃんは元気に卒園していきましたが、大人になってもそのことを忘れませんでした。

 あなたが気づいた「大切なこと」を書きとめよう

「ただいま」の声は聞けなかった

「生きていたなら幸せな家庭を築いていただろうか。息子とサッカーを楽しみ、娘にプレゼントをおねだりされる、そんな父親になっていただろうか…」

20年以上前になるが、当時、年長組だった蒼太君が突然亡くなった。ボールを蹴って車道に飛び出し、トラックにひかれたのだ。

その日、真由美先生は保育室を掃除して、飼っていたウサギにエサをやり、翌日読む絵本を選んでいた。そこに、廊下を走る音が聞こえ、蒼太君の担任が入って来て「蒼太君が死んでしまった…」そう言ったのだ。

寺にお経が響き、子どもたちが一列に並び、うつ向き、手を合わせていた。制服のセーラーカラーの白い線が、喪服の中で鮮やかだった。列が前に動いた途端、目が合った。蒼太君の遺影だった。

「これは現実なんだ」そう思ったら、心の中でドーンと重い扉が閉まった。

次の日、先輩保育者たちは、「命」について話し合っていた。子どもたちには、身体があることや、楽しい、悲しい、おいしい…それがわかることが「命」だと話した。悲しい気持ちや現実に起こった出来事に真剣に向き合い、子どもたちを受け止めた。

蒼太君の思い出の作品を母親に届け、その時の蒼太君の様子を伝えた。お互いつらかったが、母親は静かに聞いていた。

園での１日の活動が終わると「先生、みなさん、さようなら。明日も元気に遊びましょうね」とあいさつをする。明日も会えることを少しも疑うことなどなかった。でも、忘れてはいけない。蒼太君の「ただいま…」を聞けなかったことを。

「私たちは毎日小さな「命」と向き合っているのだ」。

1．小さな命が突然失われることがある。その状況が家族に与える喪失について、話し合ってみよう。
2．保育者たちが「命」について話し合い、子どもたちがそれを受け止める情景を思い描いてみよう。子どもたちや母親が経験している喪失感を、保育者はどのように支えることができるだろうか。
3．保育者は毎日、小さな命と向き合っている。そのように感じた経験を話し合ってみよう。

　突然いなくなった蒼太君を思い出すたびに、家族や保育者たちは「元気な子どもの姿を、今日も明日も見られる」ことは、決して当たり前ではないと心に刻んだことでしょう。このように喪失感で苦しむ人々を、どのように支えることができるでしょう。

　子どもを失った親は、「もっと◯◯すればよかった…」という後悔や自責、また「どうしてこんなことが自分たちに起こったのか」というやり場のない怒りを抱きます。そして「子どもは帰って来ない」という落胆に苦しみ、絶望というトンネルを歩き続けます。その間、保育者は隣を一緒に歩き、寄り添うことができます。「もし話したくなれば、いつでも話せる」ことを伝え、彼らが話し出したら、じっと聴きましょう。

　子どもたちは同じように喪失感を抱えますが、大人のように言葉で表現することができません。そんな時は、みんなでお手紙を書いたり、その子の物語や思い出のアルバムを作ったりしながら、少しずつ気持ちを外へ出すのを手伝うことができます。時々、保育者は「自分はそうした経験がないので何もできない」と無力感に陥ることがありますが、一緒に泣  き、思い出し、笑い、抱きしめ、寄り添うことは、知識や助言を与えるよりも力になるのです。

　保育者にとって、子どもを失うのは本当につらい出来事です。喪失感と向き合う時、つらさや悲しさ、後悔の気持ちも感じます。ですから、保育者のあなたにも助けが必要なことを覚えておきましょう。当たり前のことに思えるかもしれませんが、毎日元気な子どもの姿を見ることこそ奇跡であり、この仕事の一番の幸せであることを実感するかもしれません。

> 小さな実践

突然の離婚で父親との生活が始まった奈々子ちゃん

攻撃的で乱暴な言葉が多くなり、わざと注意を受けるような態度をとるなどの変化が見られました。そこで担任は、自由遊びの時間を使い、赤ちゃん返りをさせようと考えました。母親にしてもらったこと、してほしかったことを、遊びを通してもう一度体験させていきました。抱っこや膝枕でしっかり甘え、少しずつ落ち着いてくると「先生、三つ編みして」と言いました。母親は、いつも髪の毛を三つ編みにしてくれていました。

それから毎朝、鏡の前で三つ編みをしてあげました。一緒に作ったリボンつきのヘアゴムで仕上げると、ご機嫌です。母親とのつながりを確かめる儀式になっているのだろうと感じました。

母親が死産だったことを理解できない浩介君

浩介君は、赤ちゃんが産まれたのに母親が家に帰って来ないことが理解できませんでした。大きなお腹の母親と赤ちゃんの二人の絵を描いては、塗り潰していました。浩介君の不安と悲しみの表現でした。

描きながら「産まれました…死んじゃいました…飛んでいきました…」と、つぶやいているので、一緒にお話を作ることにしました。最後にはまた、お母さんのお腹に帰って、元気になったら会える…という結末になりました。その絵を描いて絵本を作り、母親に渡しました。

その後、流産の経験のある保育者が、体調を気遣ったり、話しかけたりする役割をしてくれました。気持ちが回復に向かうように、ゆっくりと寄り添いました。

 あなたが実践してみたいことを書き込んでみよう

危機や喪失を経験している人々に目を向けてください。特に子どもは、思うように気持ちを言葉にできません。それでも、あなたが寄り添い、ともに悲嘆の道を歩いてくれるなら、勇気をもって前に進んでいけるのです。

15. 教え、心を動かす原則とスーパービジョン
―教授法／スーパービジョン

陽子先生

いつまでも忘れることのできない「先生」がいます。彼らは、私たちに大切なことを教えてくれました。彼らのように人に教え、心を動かすには、何が必要なのでしょう。

Storyを分かち合う

主任の陽子先生は、卒園式で子どもたちを前に次のように話した。

「みんなは4月からは小学校1年生ですね。これからいろいろなことがあるかもしれません。でも先生は、いつでもみんなを見守っています」

ここまで言うと先生は、前かがみになり、子どもたちの顔をじっと見つめながら、大きな声で続けた。

「みんなに覚えておいてほしいことがあります。もしも…もしも、誰かがみんなをいじめたりしたら、<u>この陽子先生が絶対に許しません！</u> みんなは先生にとって大切な人たちです。だから、もしもそんなことがあれば、いつでも先生のところに来てください。先生がその人をやっつけて、みんなを守ります！」

子どもたちは、先生の言葉を真剣な表情で聞いていた。後ろで聞いていた保護者らは、涙を抑えることができなかった。

原則を学ぶ

人に教え、心を動かす原則の実践

「この陽子先生が絶対に許しません！」と叫んだとき、そこにいた人たちは、先生の「ずっと子どもたちを守りたい」という強い思いを感じ、心が動かされました。そして、先生がこれまでにしてくれたたくさんのことを思い出したのです。

陽子先生のような保育者は、現場にたくさんいます。きっと、あなたもその一人です。彼らは「教え、心を動かす原則」を大切にしています。この原則を学び実践することで、教える側も学ぶ側も、ともに心が動き、成長することでしょう。

以下、この原則を実践する際のポイントを伝えます。

❶愛と親切と思いやりを示しながら教える

何かを教える以上に、相手に「愛、親切、思いやり」を示すことが重要です。そのようにされた人々の心は広がり、大切なメッセージを受け入れる準備となります。

「子どもや保護者、同僚とかかわるとき、相手は私から、愛と親切、思いやりの気持ちを感じているだろうか？」と問いかけてみると、今何をするべきかがわかってきます。

園でトラブルばかり起こしていた子どもが、大人になって思い出しました。

「私は悪ガキで、しょっちゅう周りにけんかをしかけていた。自分が悪いのはわかっていたので、叱られるのは当然だったけど、担任の先生は抱きしめてくれた。そして『そんなことをしなくたって、一日良い気持ちで過ごせるんだよ』と優しく言い聞かせてくれた。自分が親になって子どもに怒鳴りつけようとするとき、いつもこのことを思い出して、同じようにしなくてはと思う」

❷個人に関心を寄せ、よく知ろうとする

クラスの一人の子ども、あるいは一人の保護者を思い浮かべてみましょう。彼らのことをどれだけ知っていますか。もし、今よりもっと彼らのことを知るなら、あなたのかかわりはどのように変わりますか。

初めて担任になったある先生は、一人ひとりのことを知ろ

うとしました。好きな（嫌いな）食べ物、どんなアニメが好きか、何のゲームで遊んでいるか、誕生日、記念日、関心事、心配事…これらを聞いて、ノートに書き込みました。また、保護者一人ひとりの趣味、性格、強さ、弱さ、楽しんでいること、悩み等、あらゆることに関心を寄せました。

　一人ひとりをよく知っているからこそ、必要にあわせて教え、働きかけることができます。「先生は私のことを一番知ってくれている」と感じる時、彼らは喜んであなたの助言を受け入れるのです。

❸一人ひとり、個別の方法で働きかける（特別な必要に配慮する）

　人が愛や親切、思いやりを感じるのは、その言動が自分だけに向けられた時です。ですから、集団ではなく、「一人ひとり」に対して個別の方法で働きかける必要があります。あなたから見ると子どもは大勢ですが、子どもから見るとあなたは一人だけの先生です。その先生から、自分という一人に向けた特別な関心を求めています。

　悠斗君は5歳で入園しましたが、些細なことで登園を渋るようになりました。入口まで連れていきますが、しがみついて離れないため、親は本当に困ってしまいました。その時、担任は「私に任せてください」と声をかけ、毎朝、園庭で待っていました。悠斗君には「先生と友だちになろう」と伝え、腕をひっかかれるほど暴れても、落ち着くまで待ってなだめました。

　こうした朝の儀式は夏前まで続き、その後、悠斗君は元気に登園するようになりました。先生が悠斗君一人のためにしてくれたことを、親も悠斗君も決して忘れることはないでしょう。

❹正しい原則をわかりやすく教える

　生きる上での「正しい原則」を教える必要があります。「誰にでも思いやりを示すこと」「約束を守ること」「相手を傷つけないこと」「良いことを受けたら感謝すること」「悪いことをしたら謝ること」「選択する時には、その結果について考えること」等の原則を、わかりやすく、また注意を引きつけながら楽しく教えられたら、子どもたちはいつまでも覚えていることでしょう。

　ある先生は、長いひもに大小の景品をくくりつけ、「どれ

がほしい？」と子どもたちに尋ねました。子どもたちは全員、大きな景品を狙っていました。先生は「大きいのがほしかったら、それがくっついているひもを見つけて、引っ張らないといけないよ」と、良い選択が良い結果につながることを楽しく教えてくれました。

❺教えた後は質問し、考えさせ、答えに熱心に耳を傾ける

教えた後は質問します。「どう思いますか」「何を考えましたか」「何か話したいことはありますか」と聞かれると、大人も子どもも自由に考え、話すようになります。彼らが話し始めたら、教える時間以上に耳を傾けましょう。人は、話している時に最も学ぶのです。

ある先生は、子どもたちに質問しましたが、なかなか答えが返ってきません。いつもは自分の考えを伝えて終わりますが、その時はもう少し待ってみようと思いました。すると少しずつ、子どもたちが自分の考えを話し始めました。最後まで待っていると、子どもたちは先生が教えたかった以上の答えを話し出したのです。

「私は、自分が話している時間と聴いている時間のどちらが長いだろう？」と問いかけ、聴いている時間を長くできたら、あなたは良い先生といわれるでしょう。

❻意義深い経験になるように導く

言葉以上に、経験することから多くを学ぶものです。「お互いに助け合うことが大切です」と教えるだけでなく、実際に助け合うならば、原則が記憶に刻まれます。

言語に少し障がいのある悟君は、自分がしゃべれないことを知られるのが嫌で、みんなで何かをする機会をことごとく壊そうとしました。最初、担任は押さえつけることばかり考えていましたが、母親から事情を聞いた後、悟君に「先生が赤ちゃんの世話するのを手伝ってくれる？」と尋ねました。以後、悟君は熱心に赤ちゃんを抱っこし、一緒に世話をしてくれました。「赤ちゃんは、しゃべらなくても表情でいろんなことを教えてくれるね」と話すと、嬉しそうにうなずいてくれました。次第に友だちも参加するようになり、仲間もできました。

❼教えた原則どおりに生活し、模範を示す

教えること以上に大切なのは、教えたとおりにあなたが生活することです。「お話をちゃんと聞きましょう」と教えた保育者が子どもの話をちゃんと聞けば、みんなが信頼するでしょう。人は、教える内容以上に、教えてくれた相手の態度を見ています。

子どもたちがどんなに悪態をついても、決して声を荒げない保育者がいました。子どもたちが成長した後、振り返って思い出せるのは、この保育者の優しい言葉でした。彼女は一度も「優しく話しなさい」とは教えませんでしたが、子どもたちはその態度から十分学んでいたのです。

 あなたが気づいた「大切なこと」を書きとめよう

 ## 「教え、心を動かす原則」によるスーパービジョン

「自分のことは自分でやる。私は厳しく育った。できないことでまわりに迷惑をかけない、人に甘えないで、自分でがんばることが大切だ。だから、小さいうちからしつけなければいけない」これは、保育における美智子先生の考え方である。

クラスには緊張感があり、まとまりがあるように見える。しかし子どもたちは、感情を爆発させるかのように荒れてしまった。思いきり笑ったり、言い合ったり、素直な感情表現が抑えられていたからだろう。

「自分は間違っていない」と思っていた美智子先生も、次第に保護者や子どもたちとうまくいかなくなってしまった。それでも自分の考えを変えなかったが、ある日子どもから「先生嫌だ！」とハッキリと言われた。これにはとても

ショックを受けた。

　美智子先生は「子どものために何をすればいいの?」「私は何か間違っているの?」「どうしていいかわからない。お願い助けて…」と、泣きながら陽子先生に話した。

　陽子先生は「保育や保護者のこととは別に、ゆっくり話しましょう」と声をかけた。

　「助けてほしい時、いつも誰を思い出すの?」「助けてもらったことはあるの?」「その時、どんな気持ちがしたの?」

　そんなことを話しながら、美智子先生のこれまでの体験を一緒に振り返った。

　「長女として、親の代わりにしっかりしなければいけなかった。助けや甘えを求めたことはなかったかもしれない。できることを求められ、応えなければという緊張感だけだった。妹や弟は無責任でずるい。厳しく接することが、自分の存在している意義だった。親の価値観が自分の価値観になっていたように思う。あきらめや甘えのできる子どもたちがうらやましかったのかもしれない…」

　ぐずぐず甘えられると「私はそれでも我慢してきたという気持ちになり、子どもたちを突き放してきた…」。一気に話し終えた美智子先生は、泣き崩れてしまった。

　「どんなにかつらい気持ちを閉じ込めてきたのだろう…」そう思うと、かける言葉などなく、静かに抱きしめるだけだった。美智子先生は支えを失ったように、ただじっと寄りかかっていた。落ち着いた頃、陽子先生は「つらかったんだね。でもあなたのせいじゃないよ。ずっとそれが正しいと信じてきたのだから」と言葉をかけた。

　ある日、保育室で子どもを抱きしめている美智子先生を見かけた。

　「一緒に悲しんだり喜んだりすると、ほっとするんですね。子どもたちのために自分がいて、自分のために子どもたちがいることに気がつきました」

　笑顔を向けると、彼女は続けて言った。

　「できるできないよりも、同じ気持ちを味わうことが大切なんですね。あの時、一緒にいてくれたことを忘れません。腕の中に包まれた安心を、子どもたちに伝えたいです」

1. 美智子先生の考え方は一見正しいものだが、子どもたちの感情を爆発させることになった。それはどうしてだろう。
2. 陽子先生は、美智子先生に対してどのようにサポートしただろうか。陽子先生が意識した「教え、心を動かす原則」を探してみよう。
3. 陽子先生のスーパービジョンから、美智子先生は何を得たのだろうか。あなたなら、どのようなスーパービジョンをしてもらいたいか。

　自分が考える「正しさ」だけで、人を無理やり押さえつけることはできません。しかし、そのように育ってきた美智子先生は、爆発する子どもたちを前に混乱します。「間違っていない！」と一生懸命になればなるほど、拒否されてしまうのです。本当に苦しい経験だったことでしょう。

　話を聞いた陽子先生は、どのように美智子先生をサポートしたのでしょう。愛や親切、思いやりを示しましたか。目の前の美智子先生に関心を向け、もっと知ろうとしましたか。美智子先生個人に関心を示し、働きかけましたか。もしこれらを実践していたら、陽子先生は「教え、心を動かす原則」に従って教えていることになります。

　陽子先生は、美智子先生にとって必要なことを一言で教えました。それは「あなたのせいじゃない…ずっとそれが正しいと信じてきたのだから」。つまり「あなたは悪くない、自分を責めてはいけない」ということでした。そして、単に助言するだけではなく、彼女を抱きしめ、その場で彼女自身が意義深い経験をできるように導きました。

　その後、美智子先生は陽子先生と経験したことや受けた言葉を、深く考えていたことでしょう。やがて答えを見つけた彼女は、その答えを話します。陽子先生は、その言葉にも耳を傾けました。

　陽子先生が「教え、心を動かす原則」に従って、スーパービジョンの実践をしていることがわかりましたか。忘れてはならない大切なことは、美智子先生が陽子先生に相談したのは、いつも自分が教える原則に従って生活していた陽子先生を信頼していたからだということです。

小さな実践

発達障がいの孫の世話をする祖母の気持ちに対して

　「孫の世話がつらい。保育園だけが頼りだからどうか、見捨てないでほしい」と、切

羽詰まった様子で話しかけてきました。育児不安の母親に代わって何でもがんばってきたので、疲れたのだろうかと心配になりました。

「健太は家に帰ってからも大騒ぎでうるさい、話を聞けない。もう限界。私が病気になりそうだ」「何でこんな子が生まれてきたんだ！」と、声を荒げて言います。誰にもつらさを言えずに我慢してきたことがわかりました。

「おばあちゃんにばかり無理をさせてしまいました。おばあちゃんを支える人が必要だったんですね」と話すと、「私がいなければあの子はどうなるのか。私もいつまでも生きてはいない…」と、涙をこぼしながら言いました。

おばあちゃんは、自分の健康や将来のことを考えると、不安でつぶれそうな気持ちになっていました。しばらく彼女の話を聞き、いろいろな個性や難しさをもった子どもたちの話をしました。

「目の不自由な子は、一度でいいから景色を見たいと願うでしょう」

「足の不自由な子は、思いきり走りたいと願うでしょう」

「その人でなければわからないつらさを受け止めることが、自分の「命」を生きることだと思います。おばあちゃんに出会ったように、健太君はこれからたくさんの人に出会って、みんなで学び合うと思います。だから、健太君は必要な人ですよ」

真剣な表情でキッパリ言った担任は、自分の家族にも発達障がいの苦労があったことを打ち明けました。「困難やつらさが家族をつないでいることもある気がします。おばあちゃんは一人じゃないですからね」と声をかけると、小さくガッツポーズをしてくれました。

元気がない時

　理由を聞かなくても、元気にすることができます。0歳、1歳、2歳…とその時の担任に当時の話をしてもらいます。「泣き虫でずっとおんぶのまま昼寝をしていた」「緑色のひもが好きでポケットに入れてたよ」等、自分だけのエピソードを聞くことで、みんな安心します。

「あなたのことは先生たちみんなが知っているよ」という気持ちで話してあげます。大切にされたことを実感したくて、何度でも話を聞きにきます。そのたびに「私が一番知っている」と、先生たちは競い合って話します。その頃にはもう、笑顔が戻っているのです。

15

保育者が自分を知るために

「今日は先生、お休みしたいです。子どもになるから、みんなでお願いね」と担任が話すと、驚きながらも、子どもたちは担任に代わって進めようとしてくれました。リーダーシップをとる子、サブの役割をこなす子、言葉だけまねする子、いろいろな様子を見ることができました。

言葉づかいや声のトーンなどは担任にそっくりでしたが、何よりも、友だちを思いやる気持ちがよくわかりました。普段のかかわりが子どもたちに伝わっていることを実感しました。責任ある経験を通して、先生の考えや気持ちが理解できたのか、「先生がいつも言ってることわかる〜」「やさしく言えばいいんだよね〜」と言い合っていました。教えるということは教えられることでもあると思いました。

 あなたが実践してみたいことを書き込んでみよう

_____
_____
_____

「教え、心を動かす原則」は、一見当たり前に思えるものばかりですが、実践に取り入れることで、多くの変化をもたらします。この原則を取り入れているかどうか、自分自身を評価してみてください。そして、このうちのいくつかを今後の実践で意識してください。そうすれば、これまで以上に効果的に教え、心を動かすことができるでしょう。

コラム3 「自分の弱さを好きになる」

足の不自由な保育者がいた。抱っこもおんぶもみんなと変わらずにするし、縄跳び、鬼ごっこなど、いろんなゲームにも積極的に参加していた。

ある時、「どうしてそんな足なの？治らないの？」と子どもが聞いていた。「やめなさい、先生がかわいそうでしょ」と心配する子どももいた。そばにいた誰もがドキドキしていた。

すると、
「どうして私だけこんな足なんだろうってたくさん泣いたよ。でも、何でもあきらめないで最後までがんばると必ず友だちができたのよ」と話し始めた。

「『一緒にやろう、よかったね』と言ってもらうと不思議な力がわいてくるんだよ。だから今はこの足が好きになっちゃった」と笑って答えていた。

笑顔の裏には悲しみや悔しさがあったことだろう。子どもたちは、この先困難を抱えて生きていくかもしれないけど、そんな時、きっとこの言葉を思い出すのではないだろうか。

自分を受け入れてさらに前に進む強さを教えてくれたこの保育者は、結婚して母親となった。しかし、不慮の事故でお別れになってしまった。

今でも「この足が好きになっちゃった」と言った笑顔が忘れられない。弱さや違いを受け入れること——それは自分を好きになることなのだ。この大切な教えを、子どもたちに伝えていきたいと思う。

第4章
アウトリーチ

手を差し伸べ、専門職や住民と連携する

　子どもや配偶者への虐待やネグレクト、貧困問題、発達障がい、情緒障がいなどを抱え、苦しんでいる家族があります。あなたはそのSOSに気づき、手を差し伸べることができます。まず身近な家族から始め、少しずつ地域に埋もれている家族を見出す努力をしましょう。
　一人では手に負えない問題を抱えたら、同僚から助けを受けることができます。また、地域にある多くの専門機関、施設、専門職に相談し、連携することもできます。
　今、首都圏では「子どもの声」を騒音として排除する動きがあります。一方、地方では、学校や園の閉鎖により「子どもの声」が消えています。今後、保育者はさらに、「子どもの声」を未来の地域社会に取り戻すために働くことでしょう。

16. 孤立する家族へのアウトリーチ

―アウトリーチ

桃子先生

保育者は、孤立しがちな家族に関心を抱きます。彼らはいつも目にする家族かもしれませんし、まだ会っていない家族かもしれません。どうしたら苦しんでいる彼らのSOSに気づき、手を差し伸べることができるのでしょうか。

Storyを分かち合う

桃子先生は痛ましいニュースを知った。それは、ある地方都市で暮らしていた母親と3歳の娘の話だった。母親は貧困に苦しみ、たびたびSOSを発信したが、その声は誰にも届かなかった。貯金を切り崩して飢えをしのぎ続けたが、やがて電気、ガス、水道が止められ、所持金もわずかとなり、最後には娘が凍死する悲劇で幕を閉じた。

この母親は役所に足を運び、母子家庭で生活が苦しいことを伝えた。また、働こうとして保育所にも足を運んだが、「いっぱいで入れない」としか対応されなかった。

桃子先生は思った。

「もし、一人でもこの家族の窮状に気づき、出向き、手を差し伸べていれば、助けることができたのではないか。保育者は、こうした孤立していく家族のために何ができるのだろう」

原則を学ぶ

アウトリーチとは、支援者側から探し、手を差し伸べること

　待っているのではなく、この母子が発したような声にならない声やSOSを聴き分け、探し、気づき、素早く手を差し伸べることを「アウトリーチ」といいます。

　ソーシャルワーカーは、これまでも地域に出向き、さまざまな人々にアウトリーチしてきました。この働きの根底には、申請主義（助けの必要な人が窓口にやってきて申請手続きをして初めて、サービスや人が動き出すという対応）とは相容れない精神があります。

　地域でSOSを発しているのは、こうした母子だけではありません。幼い子どもを抱えながらも働こうとする一人親の家族や、病気のため生活が苦しく、子どもを十分に養育できない家族、さらには精神疾患に苦しみ、虐待やネグレクトを行う家族等、彼らの窮状は周りに知られず、孤立しています。いずれの場合も、一番の被害者は子どもたちです。彼らの小さな声は、家庭という密室に阻まれ、誰にも届きません。

保育者には、アウトリーチの精神とスキルが求められる

　孤立し、疲弊していく親子が増えるにつれて、保育者のアウトリーチが必要になってきました。最初に、普段見かける子どもや親へ、次第に、今はまだ会えていないけれど助けを必要としている子どもや親たちに、どのように手を伸ばしていくかを考えてみましょう。

普段見かける子どもや親に手を差し伸べる

　最も頻繁に手を差し伸べられるのは、普段見かける子どもや親です。特に毎日会う子どもの様子を見極め、SOSのサインに気づきましょう。たとえ近くにいても、心理的な距離が遠く離れており、見落としている場合もあるからです。

給食を食べすぎる子

　桃子先生は、給食を食べ過ぎる子に気づきました。普段よりも明らかにガツガツとした態度で、噛まずに一気に流し込むような感じで、ひどい時には、吐きそうになっても食べていました。母親に、子どもが不安や心配事を抱えていないか聞いてみると、「食

事は与えているものの、私が県外へ仕事に行くことになり、留守が多くなった」と言います。子どもは、母親がいついなくなって、いつ帰ってくるのかわからない状況がとても不安で、その思いを食事で満たそうとしていたのです。

そこで桃子先生は、いつも以上にスキンシップを心がけ、「いつ、誰と、どこに母親はいるのか」について、子どもが見通しをもてるように伝え、そのことを母親にもお願いしました。その後、少しずつ食べ過ぎが改善されました。

乱暴になってきた子──夫婦喧嘩の影響

最近、弦太君の遊びがとても乱暴になりました。首を締めそうになったり、「このままじゃすまない！」等、それまで言ったことのない言葉を使ったり、全身を貧乏揺すりのように揺らし、異常に落ち着かない様子でした。

「テレビの影響でしょうか？」と母親に話すと、激しい夫婦喧嘩があったことがわかりました。父親が包丁を持って怒鳴ったり、うつ状態で話し合えず、最終的には病院に行くという深刻な状況だった様子で「誰にも相談できない」と、うなだれていました。

そこで主任の陽子先生が聞き役になり、母親を支え始めました。子どもにはフリーの保育者がついて、どんな話も聞くことにしました。父親はその後、仕事を辞めて病院へ行き、ゆっくり休みをとりました。お迎えに来た時は、「よく来てくれました」と、もてなし、母親が弱音を吐いたらじっくりと話を聴き、「みんなが味方」だと思ってもらえるようにしました。仕事のストレスが原因だったらしく、父親も今では再就職して、家庭も落ち着いています。

このように、保育者が身近な子どものSOSのサインに気づき、アウトリーチしたことで、家族を助けられたのです。

今は会えていない子どもや親に手を差し伸べる

今は会えていない子どもや親のSOSに、どうしたら気づくことができるのでしょうか。

子育て支援センターの保育者は、親子が気軽に立ち寄れる居場所を提供しようと工夫

しています。またこれまでの訪問、電話、メールに加えて、Facebook、Twitter等のSNSを活用した相談にも力を入れています。相手の顔や住む場所はわからなくても、まずはしっかりと「つながる」ことが大事だと感じるからです。ここを入口として、次に顔の見える相談につなげることで、孤立する家族に手を伸ばすことができるでしょう。

また、近隣の複数の園では、グループになって「子育て広場」という名称で、市民センターで催し物をします。遊びのコーナーも作り、親子に来てもらいます。未入園児とその親が対象で、子育ての相談を受けています。親子で参加できる遊びがメインなので、子どもや親と自然に出会うことができます。

このように、保育者が地域の子どもや親にとっての身近な存在になれば、相談を受けやすくなり、SOSをつかまえやすくなります。

プライバシーという壁を乗り越える

凍死した娘の悲報に触れ、「いっぱいで入れない」と答えた保育者は、後に深く悲しんだことでしょう。もし彼らを園に招くことさえできていたら、母子ともに助けることができたかもしれないからです。

こうした現実に直面したことで、今後、母親とのあらゆる面談の機会に、これまで以上にアンテナを張りめぐらし、子どもの命を守るために、生活状況にまで踏み込んだ質問をすることも検討するべきです。その場合、「プライバシー」や「秘密保持」の原則を正しく理解することが助けになります。

保育者等の支援者は、相談にあたり、相手の個人情報、つまりプライバシーの一部を共有しなくては業務ができません。逆に、「プライバシー」に触れることを恐れると、何の支援もできません。そのために「秘密保持」の原則があります。これは、知り得た秘密を保持するという専門職の倫理です。この取り決めがあるので、プライバシーという壁を乗り越え、必要なアウトリーチができます。

今後は「いっぱいで入れない」と伝えるだけではなく、子育てや家族のこと等、他に相談がないか丁寧に確認する必要があるでしょう。

📓 あなたが気づいた「大切なこと」を書きとめよう

――――――――――――――――――――――――

――――――――――――――――――――――――

――――――――――――――――――――――――

事例と演習　ネグレクトの疑いのある家族へのアウトリーチ

　花音ちゃん（5歳）は、母親と妹2人の4人家族。引っ越して来たばかりだが、物おじせず人懐っこいので、クラスにもすぐに馴染んでいた。母親も明るく、一人で子育てをがんばっている印象だった。しかし、園生活が始まると、持ち物の期日や時間を守らずルーズな面が見えたり、子どもたちの衣服や髪の汚れなどにも変化が現れてきた。
　ガツガツと給食を食べる様子が気になって、桃子先生が花音ちゃんに食事のことを聞くと、朝食はもちろん、夕食もあまり食べていないことがわかった。母親はあっけらかんとしていて、付き合う男性も2、3か月ごとに変わるという感じだった。子どもたちは男性が変わっても、すぐになついてお迎えも喜んでいた。
　戸惑いながらも「しばらく見守りましょう」と決めた頃、連絡もなく欠席が続いた。そして数日後、一本の電話があった。「せんせい…」とだけ言って切れたので、花音ちゃんではないかと考え、桃子先生は、陽子主任とアパートに向かった。
　玄関で「花音ちゃん、先生だよ。お顔見せてくれる？」と声をかけると、ドアを開けてくれた。ドア越しに、物が散乱している様子が見えた。「よく電話できたね。どうした？」と聞くと「ご飯のジャーが動かない」と困った様子だった。花音ちゃんは、ご飯を炊こうとしていたのだ。部屋の奥で寝ていた母親には、電話があったことを伝えて帰ることにした。花音ちゃんの前では、それ以上立ち入ることができないと考えたからだ。

花音ちゃんは次の日からまた登園してきたが、変わらない態度で迎えた。汚れが気になる時は身体を拭き、着替えをさせて、お腹いっぱい食べさせた。たくさん話して、遊んで、たくさん抱きしめた。また、児童相談所に連絡を入れ、引き続き様子を見守った。

　「私は治らない病気だ」「親戚を頼れない」「お金には困らない」といった母親の言葉に、不安や不信感をもつ保育者もいた。しかしこの母親は、生活はルーズなものの、子どもたちにきつくあたることもなく、子どもたちも母親を慕っていた。

　桃子先生は何度も主任と話し合い、保育者として最後まで温かく家族を見守ることだけを考えた。子どもたちはその後、無事に卒園していった。

1．保育者は、どのような出来事からこの家族のSOSに気づくことになったのか。あなたの園ではそのようなことがあるか。その時の様子を想像し、自分だったらどう対応するか考えてみよう。
2．花音ちゃんは、どのような気持ちで園に電話をしたのだろう。電話を受けた桃子先生たちは、どのような気持ちで家に向かっただろう。
3．児童相談所に連絡をしたのはなぜか。その後、園では母親と子どもをどのように見守ったか。

　桃子先生は、花音ちゃんの服装や髪の乱れ、食事を食べる様子、またお迎え時の母親らの様子をよく見ていました。そこから、家庭でのネグレクトの疑いをもち始めます。園でしばらく様子を見ることに決めたのは、母親と子どもたちとの関係がよかったからでしょう。

　そこに連絡のない欠席が続き、子どもから電話が入ります。花音ちゃんは、「ジャーが動かない」から電話したと言っていますが、一人でお米を炊くのは、心細く、不安で仕方がなかったことでしょう。

　その時、いつも優しくしてくれる保育者たちの顔が浮かび、SOSにつながりました。ここから私たちは改めて、子どもとの関係がとても重要だと学びます。事情を知らない桃子先生たちは、祈るような気持ちで自宅に向かったことでしょう。

アパートでは母親が寝ていて、部屋は散らかり、ネグレクトの疑いが強まりました。そこで児童相談所につなぎ、引き続き様子を見守ることにしました。迷ったと思いますが、子どもを守るためには必要な連携です。

母親の素行を考えると避けたくなるかもしれませんが、桃子先生は、勇気をもって関係を保ちました。また、子どもの食事や衛生、精神面をしっかりサポートしました。このように、身近な子どものサインに気づくことから始まり、親子の関係を損なうことなく手を差し伸べ、園から見送ることができたのです。

小さな実践

家族が壊れる不安を一人で受け止めていた玲奈ちゃん

運動会で玲奈ちゃんの両親は、最後まで一緒にいることも話すこともなく、とても不自然に感じました。その頃から玲奈ちゃんはひとり言が増え、空想の世界でいろいろな人になりきって、一人で会話を楽しんでいました。話しかけても無視することもあり、現実逃避した世界を必死に守っているように思えました。

気になって母親に尋ねましたが、母親は現実味のない受け答えをするだけでした。しばらくすると、父親が「離婚すること」「保育園を辞めること」を話してくれました。そして、母親がうつかもしれないと知らせてくれました。

どんなに悲しくても、家族の状況を変えることはできません。限られた時間でしたが、玲奈ちゃんの遊びを理解し、身体を寄せてきた時には、背中をさすって強く抱きしめました。「大丈夫だよ。先生とぎゅ〜すると元気が出るぞ！」と伝えました。

保育園を辞める時「先生、背中トントンして…」と耳打ちしてくれました。涙をこらえるのがやっとでした。「保育者は、どんな時も、どんな形でも子どもに気持ちを伝えることを諦めてはいけない」と思いました。

父子家庭のおばあちゃんからのお願い

「女の子だから、時には母親や姉のような感じで接してほしい」というおばあちゃんの気持ちを、大切な訴えとして受け止めました。そこで、「しっかりとした口調で相手をする先生」「フレンドリーに話す先生」等、いろいろな役割を考えてかかわりました。

また、学校帰りによく顔を見せてくれるので小学校の頃には、背伸びをしたい気持ちに合わせたり、思春期には「タメ語」で悩みを話し合うなど、子どもの成長に合わせて対応を変えました。いつも「家族のように見守っている大人がいることを忘れないでね」という気持ちを込めました。小学校の卒業や中学校の入学時には、おばあちゃんと一緒に保育園に顔を見せてくれて、成長を喜んだ思い出があります。

あなたが実践してみたいことを書き込んでみよう

アウトリーチの精神をもつ保育者は、子どもの些細な変化を見逃しません。そして、子どもの変化への対応を入り口に、孤立する家族に手を差し伸べようとするのです。地域社会には、問題と格闘する子どもや親がいます。皆さんがあらゆる形で機会を作るならば、いつか彼らと出会うことになるでしょう。彼らは、アウトリーチの精神をもつ保育者を待っているのです。

17. 地域の機関・施設・専門職との連携

—チームアプローチ

さくら先生

一人では解決困難な問題を抱える時、保育者は地域の機関・施設・専門職に相談することができます。では実際には、どこから連携を始めるのでしょうか。連携しながら保育者の役割を果たすには、どうすればいいのでしょう。

Storyを分かち合う

　さくら先生は、地元に戻るための引っ越し準備に追われていた。翌朝、業者のトラックで荷物を運び出す予定だったが、作業は進まない。足の踏み場もない部屋を、4歳と1歳の娘が走り回っていた。それなのに夫は、腹膜炎のため緊急入院となった。
　「これから一人で荷物を梱包し、アパートを清掃するのか…」
　圧倒される思いで作業を続け、何とか荷物だけは段ボールに詰めたものの、朝方「これが限界だ」と倒れ込んだ。
　しばらくすると、玄関のチャイムが鳴った。窮状を知った友人たちが、駆けつけてくれたのだった。彼らは手分けして荷物を外へ運び、汚れているキッチンを磨き上げ、窓を拭いてくれた。また二人の娘を預かってくれたので、仮眠して夫を見舞うこともできた。夕方、出発の準備が整うと、夕食まで持たせて見送ってくれた。

原則を学ぶ

一人だけで問題を背負うのではなく協働する

「これが限界だ」と感じた朝、友人たちが駆けつけ、作業を全員で分け合ってくれたことを、さくら先生は思い出します。ある電気工事士の男性は、ドライバー片手に配線を直してくれました。女性たちはキッチンやお風呂を磨き、子どもと遊んでくれました。それぞれ得意とする仕事を進めてくれたことで、あっという間に作業が終了しました。

一人だけでは解決が難しい問題がある時、適任者の助けを受けて仕事を分担できれば、背負う荷も軽くなり、自分が最もすべきことに集中できるので、成果も上がります。これが「連携」の考え方です。

園内、園同士の交流、連携からスタート

連携とは、他の保育者、専門職者とチームになり、任せたり任されたりしながら、協働で問題の解決にあたることです。今後、地域での連携が増えていくことに備え、まずは園内での交流、連携からスタートしてみましょう。次に、近隣の園同士の交流、連携を考えます。

皆さんの園で、「隣のクラスが崩壊した！ 何とかしなくては」という声を聞くならば、園に相互に相談できる体制があることがわかります。自分のクラスも隣のクラスもなく、園全体で子どもたちをみていくという考え方が根底にあると、連携はうまくいきます。

地域にある園同士が交流・連携することは少ないかもしれませんが、今後は増えるでしょう。ある地域では毎年、恒例のスポーツ大会を開きます。そこでは子ども、職員、保護者らが集まり、楽しく汗を流します。一緒にお昼を食べながら、情報交換をします。こうした関係があるので、何かあった時にはすぐに協力できます。「一緒に何か楽しいことをしてみる」。それが連携につながるのです。

評価されることへの恐れが連携を妨げる

保育者の中には、一人で問題を背負う人がいます。同僚に相談し、助けを求め、園で話し合い、他の相談機関につなげない背景には、「評価されることへの恐れ」があります。

さくら先生は若い頃、発達障がいの傾向のある子が騒ぎ、クラスが崩壊しかけて苦し

みましたが、誰にも相談できませんでした。それどころか、子どもたちを押さえつけ、問題を封じ込めようとしました。その子の母親から相談を受けても、適切な機関につなげず、自分だけで何とか収めることを考えたのです。

見かねた同僚が助けを申し入れた時、さくら先生は、「園長や同僚の評価を恐れている」ことを話しました。そこで同僚は、職員会議で「子どもの評価が保育者の評価になってはいけない」「互いのクラスの状況をオープンに相談し合える関係が大切だ」と訴えました。

連携を可能にするのは、日ごろから相談できるオープンな関係性です。まずは、自分の園がそうなっているか見直すところから始めましょう。

多くの問題を抱える家族に専門職が連携して対応する

貧困や虐待、ネグレクト、精神障がい、発達障がい…家族が多くの問題を抱える時、子どもたちに深刻な影響がおよびます。これらを一人だけで背負うのは困難です。地域の専門職に相談し、連携して対応するべきです。

さくら先生のクラスのある母親は、精神疾患が再発し、子どもに厳しくあたるようになりました。虐待も確認されたため、園で検討し、児童相談所に相談しました。その後、ソーシャルワーカーとの連携が始まり、母親は医療につながりました。経済的困窮もみられたため、生活保護のワーカーにも助けてもらいました。

こうしたチームアプローチにより、さくら先生は支援の全体像を把握しながら、子どものケアに集中できました。地域には、信頼できる専門職が多く存在します。彼らとつながり、チームとして連携することで、多くの問題を抱える家族を助けることができるのです。

地域で連携可能な関係機関・施設、そして専門職を確かめる

保育者が連携するべき問題として、次の場合が想定されます。
○虐待やネグレクトの疑い、○経済的困窮の相談、○子どもの発達障がいの相談、○DVの相談、○子どもの知的、情緒的障がいの相談、○離婚後のひとり親の生活上の相談、○小学校入学に向けた相談、○視聴覚障がいをもつ子の相談、○不審者に関する相談、○子育て不安の相談

次の図を参考に、連携の流れを想定してみましょう。連携は、公的な機関や施設だけ

に限りません。民間組織やサポートグループ、地域住民のサークル等の社会資源も活用できます。

連携すべき課題ごとに色分けしたり、線でつないでみましょう。

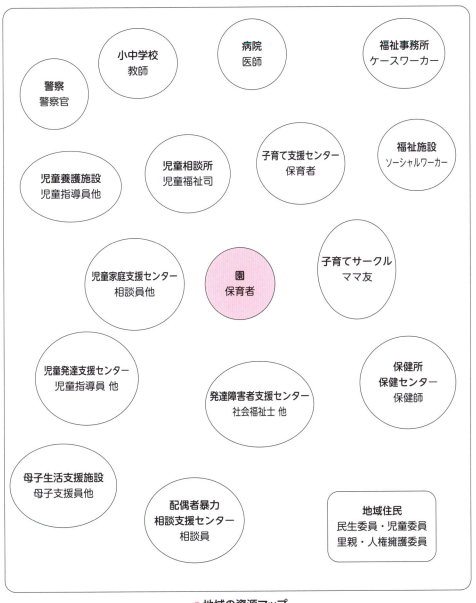

●地域の資源マップ

17

 あなたが気づいた「大切なこと」を書きとめよう

事例と演習　言葉の遅れている一馬君への連携・支援

　一馬君（3歳）の言葉の遅れについて、母親から相談があった。こちらからの問いかけにはうなずくものの、「あー、あー」と声を出すくらいで、言葉はまだ出ないという話だった。
　さくら先生は、言葉だけでなく、心身の発達についても詳しく知りたいと思っていたので、そのことを伝えて一緒に話し合った。
　母親は「どこの病院がいいのか」「仕事を辞めて一緒に通うべきか」等、とても熱心だった。話し合いが進むにつれて、本当はずっと不安で心配だったことを打ち明けてくれた。「もう少しすればきっと大丈夫。そんなふうに思っているうちに、時間だけが過ぎてしまった」と、自分を責めていた。
　さくら先生は同僚に相談した。「母親の心情を理解しなければならないし、子どもにとっての最善の方法も考えなければいけない」「難しさを感じるが、あせらずじっくりと話し合う必要がある」等、いろいろな意見が出され、対応を考えた。
　母親には児童発達支援センターについて説明し、疑問があればセンターに連絡して、情報を提供した。見学や検査を終えて、週2回バス通園することに決めた。
　一馬君は、半年過ぎた頃から急に言葉が増え、自分の名前を言えた時には、先生たちはもちろん、友だちも本当に嬉しそうだった。発育は1年ほどの遅れがあるということだが、穏やかで優しい一馬君はアイドルのような存在で、みんなに見守られていた。

個別支援の内容は運動ゲームやカード遊びに発展させ、クラスの活動に取り入れた。また、センターにはさくら先生と主任が話し合いに出向き、園での様子を伝えている。
　一馬君に必要な支援を学び、園での生活に活かせるように、今も連携を続けている。

1．一馬君の母親は、どのようなことに悩んでいたのだろうか？　保育者に相談したことで、どのような助けを受けただろうか。
2．園で一馬君のことを話し合い、考え方や意見を共有したのはどうしてだろう。
3．さくら先生と主任がセンターに出向き連携することで、園、センター、家族にどのようなメリットがあるのだろう。

　「悩みながら時間だけが過ぎてしまった」と話していたように、子どもに何らかの障がいの疑いがある場合、保護者は保育者に相談するべきか思い悩みます。そんな様子に気づいたら、保育者から声をかけましょう。一緒に話し合う人がいるだけで、不安は減ります。また早期に介入することで、改善できることがたくさんあります。相談した母親は、自責の念を和らげることができ、子どもに何をするべきか、具体的な情報も得ることができました。

　母親と子どもを支えるために、園での連携が始まりました。相談を一人の保育者だけで抱え込まず、園全体で共有することで、有益な考えや解決策に至ります。この時大切なのは、母親に園の方針を知らせ、情報を共有することの了解を得ておくことです。保育者が互いに連携することで、より専門的な働きかけが可能となり、チームとしての信頼感も増します。

　保育者たちは、児童発達支援センターとの連携を母親に提案し、間に入って情報を伝え、選択肢を示し、自己決定できるようサポートしました。主任も含めたチームとしてセンターに出向き、園での様子も共有しています。さらにセンターでの個別支援を、園での活動にも反映させようとしました。このような連携により、母親、子ども、園、センター、それぞれが利益を受けたのです。

小さな実践

保育者同士、地域の専門職、住民との連携

　2歳児クラスに進級したひかるちゃんは、給食になると以前のクラスの担任を探して、泣いて暴れ出します。発達障がいの傾向があり、偏食や食べ方など、支援の難しさがあります。主任に協力してもらい、ひかるちゃんが落ち着くまで前年度の担任が給食担当になりました。

　5歳児クラスになると、地域の小学校に1日入学体験に出かけます。小学校の生活をゲームやクイズで教えてくれるので、楽しんで参加しています。兄弟や卒園児にも会えるので、親しみも増すようです。

　防災センターで、消火器訓練や火災時の煙からの避難、震度5の揺れなど、実際に体験し、意識を高めています。消防学校の訓練の様子を間近で見たり、消防車に乗せてもらったりして、命を守る仕事に触れることができています。

　小学校の支援室を借りて、地域の子育てサークルと保育者が連携し、料理教室を開いています。サークルのメンバーは60代のおばあちゃんが中心で、子育てや家庭料理などの経験も豊富で頼れる存在です。調理中は保育者が子どもたちを預かり、楽しく過ごしているので、母親たちも安心して活動ができました。

　料理は簡単なものから伝統的なものまであり、母親たちは、おばあちゃんパワーに驚きと感動、尊敬の気持ちを抱くようになりました。

　食事の後は、保育者が子育ての悩みを聞いたり、子どもの発達や遊び方を説明し、母親とゆっくり向き合いました。三世代の交流は、実家でくつろいでいる雰囲気だと、母親たちも楽しみにしています。

その他、現職の保育者から聞きました

○昔、DVの相談を受けた時、母子寮に行けるようにしました。荷物をまとめてもらい母子寮に問い合わせをして、一緒に行きました。
○震災の時、安否確認のため、子どもたちの家を一軒ずつ個別にまわりました。
○発達障がいのある子どもへの対応で、小学校と連携しています。卒園後のフォローが

大切だと思います。

 あなたが実践してみたいことを書き込んでみよう

_____
_____
_____

　難しい問題を一人だけで背負う必要はありません。地域には、子どもや家族を助けることのできる専門職がいて、あなたとの連携を望んでいます。もちろん、彼らにつなげただけでは支援は終わりません。役割を分担しながら、皆さんにしかできないことに取り組みます。

　また連携するためには、互いに知り合い、良い関係を築いておく必要があります。普段から、可能な限り「何かを一緒に行う」経験を積み上げましょう。

18. 「子どもの声」を地域に取り戻す

――コミュニティワーク

沢田園長

今、全国で「子どもの声」が失われています。「子どもの声」は騒音でしょうか？　それとも宝物でしょうか？　大人と子どもの暮らしが分断されていく中、保育者はどうしたら「こどもの声」を地域に取り戻すことができるのでしょう。

Storyを分かち合う

　沢田園長は、園のお便りに自身の思い出を綴った。
　家のすぐ裏に、町でただ一つの公立保育園があった。当時、多くの子どもたちがここに行けたので、私も楽しみにしていた。しかし、面接から戻った母の表情は暗かった。祖父母が健在なため、「保育に欠ける」という判断が下りず、入園が認められなかったからだ。
　朝起きると、隣から元気な声で「先生、おはようございます！」と聞こえてくる。夏が近づくと、プール遊びの楽しそうな歓声が上がり、午後には夏祭りの囃子の練習も始まる。
　小学校から高校まで自家で過ごした私の記憶には、いつも園の子どもたちの元気な声があった。しかし、次第にこの町から子どもがいなくなった。消えてしまった子どもの声をさびしいと感じていた私にとって、今大都市（特に東京）で起きている「保育園建設反対」のニュースは衝撃だった。
　「子どもの声がうるさい」「平穏な生活が脅かされる」「子どもの姿を見たくない」
　反対する住民たちが、そこまで子どもたちを排除したいと考える背景には、何があるのだろうか？　別々の事情ではあるが、地方も首都圏も「子どもの声」が消えつつある。未来の地域社会に「子どもの

声」を残すために、保育者には何ができるだろう。

原則を学ぶ

杉並区の保育所建設反対運動から現実を知る

　2016年5月、東京都杉並区は公園の敷地を利用して、保育所を建設する計画を発表し、地域住民のために説明会を開きました。そこで賛成派と反対派は激しく衝突し、5時間以上も議論が続きました。翌年には待機児童の数が500人以上見込まれることもあり、母親たちは切実な思いで実情を訴えましたが、反対派の怒号により、言葉につまる場面さえありました。このニュースをマスコミが報じたために、インターネット上では反対派に対するバッシングと賛成派への同情の声が多数寄せられました。

　今、都市部では保育園建設反対の動きが加速しています。近隣住民たちにとって「子どもの声」は騒音であり、「平穏な生活が脅かされる」という理由で、地域社会から排除されようとしているのです。

子どもと大人の暮らしが分かれてしまったことの代償

　昔、子どもと大人は町で一緒に過ごしていました。子どもは空き地や広場、町のあちこちで遊び、そこに大人がかかわることもできました。その後、都市部では開発が進み、次第に町から子どもたちの姿が消え、大人と子どもが別々に過ごすようになります。長い期間、互いに見かけることがなくなったため、大人にとって、「子どもの声」が聞こえないことは普通であり、平穏なものにさえなったのです。

　そこに待機児童の問題が起こり、行政からのトップダウンで保育所建設が知らされました。住民たちには行政への反発もありましたが、根本には、長いことかかわりのなかった子どもたちは異質であり、受け入れることに恐怖があり、排除したいという気持ちがあるのだと思います。こうした状況がそのまま続けば、「子どもの声」はさらに、消えていくことになるでしょう。

地方では別の事情で「子どもの声」が消えている

　都市部とは異なり、地方には今も子どもと大人が一緒に過ごすことができる地域がたくさん残っています。しかし少子高齢社会、若者の流出、地方経済の疲弊の影響で、地方の町から「子どもの声」が消えています。

　沢田園長の生まれた町では数年前、小学校、中学校が廃校となりました。家の裏にはまだ保育園がありますが、ひっそりとしています。町の中で子どもを見かけることはありません。昔、子どもたちが小さかった頃、散歩していると、大勢の高齢者が立ち止まり、笑顔で「いくつになったの？」と声をかけられたものです。皮肉なことに、こうした地方の町では、「子どもの声」を歓迎しているにもかかわらず、消えてしまっているのです。

園・保育者にできることを考える

　あなたの住んでいる場所にかかわらず、「子どもの声」を地域社会に取り戻す必要があります。子どもの生活を大人の生活から分断させず、子どもたちの成長を大人全員で見守ることのできる地域社会が必要です。

　そのために、保育者であるあなたには何ができるでしょうか。

建設反対運動の渦中にある園・保育者ができること

　反対運動が起こった時、地域の町づくり協議会のメンバーが園と住民との間に入り、上手に合意形成した例もあります。このメンバーたちは、「この町の未来を考えるとき、子どものいない町を想像できるだろうか」と訴え、何度も話し合いを繰り返して、合意できる条件をすりあわせていきました。

　その会合に毎回、保育者が入れ替わり出席したことで、双方に信頼関係が生まれました。園側も「声が漏れない工夫」「事故対策」を提案し、建物の構造を変更し、園庭が外から見えないようにする等の工夫をしました。古き昔を思い起こし、未来の町に「子どもの声」を残したいと考えた地域住民たちの決断が、大きな力となったのです。最終的に保育園は建設され、今その町では、子どもたちと住民たちが一緒に過ごすようになっています。

子どもがうるさい等の苦情を受けている園・保育者ができること

あなたの園に「子どもがうるさい」等、住民たちから苦情があったら、それは「子どもの声」が消えていくサインかもしれません。これに対して「なるべく子どもを静かにさせる」「遊び時間を減らす」等の対処は可能です。同時に行うべきなのは、分断されてきた子どもと大人の生活を近づけ、互いに一緒に過ごす時間を増やすことです。

これまでも園では、高齢者と一緒に過ごしたり、敬老会に子どもを連れていったり、運動会やお遊戯会に地域の大人を招待してきました。これらを継続していく必要があります。年中行事の一環として何気なく継続してきた活動でも、将来の分断を避けて「子どもの声」を取り戻すことにつながると気づいたら、意欲も湧いてくるでしょう。

地方に、「子どもの声」を取り戻す努力

「子どもの声」は、都市部では「騒音」でも、地方では「消えゆく宝物」です。こうした場所に、どうしたらもっと「子どもの声」を届けることができるでしょうか。

ある田舎町では、若い夫婦が町を離れ、保育園や幼稚園が閉鎖に追い込まれています。消えつつある「子どもの声」をもう一度聞きたいと切望する大人のために、ある園では、可能な限り町の祭りや行事に参加しています。時には、高齢者だけの町に出向き、交流することもあります。こうした取り組みは園児募集にはつながらないかもしれませんが、高齢者たちには特別な力を与えています。「子どもの声」が喜ばれる光景が特別になるとしたら、若い保育者はなおさら記憶にとどめておく必要があるでしょう。

 あなたが気づいた「大切なこと」を書きとめよう

事例と演習 **子ども会の夏祭り**

　町内の子ども会の夏祭りは、小学生と一緒に参加することができる。小学生が中心となって山車（だし）を引っ張り、園児や一般の子ども、赤ちゃんが後ろから歩いていく。その姿はとてもほほえましいものだ。
　小学校で2週間ほどお囃子（はやし）の練習もあるが、地域住民との触れ合いの場にもなっている。
　お祭りが始まると、沿道にはおじいちゃんやおばあちゃんが顔を出し、声をかけたり、お菓子をくれる。
　「昔は子どもをおんぶして歩いた」「子どもも年寄りもみんなで手伝った」等、地域で協力して祭りを作った思い出話も聞かれた。
　「おじいちゃんありがとう」「おばあちゃん疲れたよ〜」と言葉を返し、お祭り独特の雰囲気が人のつながりを深めていた。
　お祭りを楽しみながら、お年寄りたちは触れ合うことの温かさを思い出しているようで、「いいもんだなぁ…」と顔がほころんでいた。
　誰もが生まれた時は赤ん坊で、家族や地域の人たちに育ててもらって大人になったのだ。お世話をしたりされたりのかかわりの中で暮らしていた。そんなことを考えていると、「園と同じだな…」と感じた。
　園の建設反対など、厳しい現実も確かにある。しかしこれまでお年寄りたちが、胸躍らせ、生き生きとした笑顔を見せてくれた。その笑顔を忘れないでいたい。そして子どもの声は「いいもんだなぁ…」と、すべての人に思い出してもらいたい。それらはきっと、保育者である私たちが伝えていかなければならないことだ。

1. 子どもとして、あるいは大人として、地域のお祭りに参加した経験があれば、その時の様子を振り返ってみよう。
2. 今、地域の中では、子どもと大人は、どのように触れ合う機会がある（あるいはな

い）だろうか。そこから、どんなことに気づくだろうか。
3．子どもの声や笑顔を地域に残すために、保育者には何ができるだろうか。

　地域のお祭りに、子どもとして、あるいは大人として参加した経験がありますか。あるいは、園全体としてはどうでしょう。

　みんなでお囃子を練習し、作り上げていく過程は、分断されてきた子どもと大人の暮らしがわかり合える瞬間です。お祭りに限らず、これからは子どもと大人が何かを一緒に作り上げる機会が地域社会には必要です。

　ある町の小学校では、運動会がその機会となっています。子どもたちが走る姿を大人が応援し、町内対抗の百足(むかで)競争、地区対抗リレー、PTA対抗綱引き等で大人が汗を流すのを、子どもが応援します。こうした機会をもてる地域では、園に反対運動が起こることは稀です。

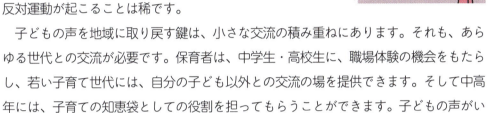

　子どもの声を地域に取り戻す鍵は、小さな交流の積み重ねにあります。それも、あらゆる世代との交流が必要です。保育者は、中学生・高校生に、職場体験の機会をもたらし、若い子育て世代には、自分の子ども以外との交流の場を提供できます。そして中高年には、子育ての知恵袋としての役割を担ってもらうことができます。子どもの声がいつまでも響きわたる地域社会を作ること、それが保育者の果たす大きな役割です。

小さな実践

東日本大震災のあった次の日、子どもたちの安否確認のため避難所を訪ねた

　震災の時、梨花ちゃんはおばあちゃんと一緒にいました。周りを見ると、小さな子どもとおばあちゃんたちが多く、他の親も職場に向かったことがわかりました。

　梨花ちゃんは、初めて会ったおばあちゃんと仲良くなり、遊んでいました。何もない部屋で、ひたすらお話ごっこをしていたそうです。本当に楽しかったようで、「保育園に遊びに来て…」と約束して別れたそうです。そのおばあちゃんは老人クラブの役員で、保育園に手づくりおもちゃを持って遊びに来てくれました。反対に子どもたちは折り紙のプレゼントをするなど、今も交流は続いています。

インターンシップで中学生や高校生が園に来ると、子どもたちはいろいろな表情を見せた

しっかり者の男の子がずっと膝枕で動かなかったり、無口な子がおしゃべりだったり、普段は気づけない内面を知ることができました。子どもが近づいてもうつむいたまま、泣きそうになっている学生もいました。

緊張しているのかと声をかけると、「一人っ子で育ち、子どもがわからない。迫ってくるから怖い」と答えました。この学生は0歳児クラスで見学をしました。落ち着いてきた頃に、赤ちゃんをだっこしてもらいました。帰りのあいさつで「来てよかったです」と言った時は嬉しかったし私たちにとっても貴重な経験になりました。小さな交流ですが、お互いに宝物になる気がします。

地域との小さな交流を積み重ねましょう。きっと皆さんも、たくさんのアイデアを実践してきたでしょう

○絵本の読み聞かせの人に来てもらう、○音楽、ミニ演奏会等を催す、○ボランティアの学生を受け入れ、発表会をしてもらう（歌、お話、劇）、○交通課のおまわりさんから交通安全指導を受ける、○歯科医から歯の話を聞く、○中学、高校のインターンシップを受け入れる。

 あなたが実践してみたいことを書き込んでみよう

....
....
....

 保育者は、「子どもの声」を地域社会に取り戻さなくてはなりません。都市部では、子どもと大人の交流を進め、互いが暮らしの中で認め合えるように。地方では、疲弊する町に「子どもの声」を届けることで、大人の暮らしに活力を呼び戻すことができます。あなたがこれまでにかかわってきた、子どもと大人の地道な交流や体験、その一つひとつには、大きな意味と力があることを覚えておきましょう。

コラム4 「ひとりじゃない」

　同僚が「私は発達障がいなのでは？」と、真剣な表情で相談してきた。研修に行くたびに自分の子ども時代を思い出し「これって私のことだ…」そう感じるようになったと話し始めた。

　学生時代もどこか浮いた存在で、嫌われないようにまわりに合わせていたこと。保育者になり、子どもたちの対応に難しさを感じて感情的になった時も、他の保育者の真似をして解決したつもりでいたこと等を一気に話した。そして「私は自分で考えることができない。まわりの保育者と何かが違うのかもしれない」と思い始め、発達障がいにたどり着いた時に、やっと腑(ふ)に落ちたのだそうだ。彼女はしばらく黙りこんだ後で「私は保育者失格、辞めたほうがいいね」とぽつりと言った。

　心理士や、発達支援担当の保育者仲間は「あなたの経験は子どもたちやその家族の助けとなるはず。つらさに寄り添える保育者になるために一緒にがんばろう」と声をかけた。

　同僚は、子どもや保護者、その家族にしかわからない苦労を理解し、前に進むための道しるべになろうと新しい一歩を踏み出した。そして「仲間に支えられて本当の自分を取り戻している気がする。保育者でいられることが嬉しい。もう一人ぼっちじゃないんですね」と本当に嬉しそうに話してくれた。

第5章
自己肯定感

自分と他者の価値を尊ぶ

　保育者ほど「自己肯定感」を大切にする支援者はいません。それは、子どもを守る仕事だからでしょう。自己肯定感とは、「自分には価値があると感じる気持ち」であり、安心感、自分自身を知ること、仲間意識、目標意識、達成感等で構成されています。

　果たして、あなたのクラスの子どもたちは、安定した自己肯定感をもっているでしょうか。それとも反対に「自己否定感」に悩まされているでしょうか。子どもたちは、理想的な家庭で育っていないかもしれません。だからこそ、園にいる間は「自分はすばらしい」という気持ちを感じさせたいと願います。

　自己肯定感が揺らいでいるのは、子どもだけではありません。保護者や同僚、あなた自身も苦しむことがあります。あなたが自己肯定感を高める方法を学び伝えるならば、周囲の人々は自分や他者の価値をもっと尊ぶことができるようになるでしょう。

19. 愛着の絆を強めるスキンシップ

――アタッチメント理論

美咲先生

落胆し、苦しくなると、誰かに抱きしめてほしいと感じます。それは大人も子どもも同じ。そんな時に経験するスキンシップには、特別な心地よさがあります。抱きしめてもらったり、手をつないだり、肩を組んだり…。人はなぜ、スキンシップを求めるのでしょうか。

Storyを分かち合う

　美咲先生は、初めての子を流産した。悲しみに暮れて泣いていた時、近くに住む友人が食事を届けてくれて、帰り際、思いきり抱きしめてくれた。大人になってからあんなに強く抱きしめてもらったことはなかったので、その温かさが心に染みた。その瞬間、人は愛情、温もり、思いやりを、スキンシップを通して相手に伝えることができると知った。そして、こうしたスキンシップを誰もが心の奥底で求めているのだと気づいた。

　「抱きしめられた心地よさを知っている人ほど、スキンシップの大切さがわかるはず」と美咲先生は言う。だから彼女は、いつも子どもたちを抱っこし、おんぶし、頭をなで、身体をくっつけている。大人にも同じようにするので、「やめて！」と恥ずかしがる同僚もいる。それでも美咲先生は、「大切な人にくっついていたいんだ」と、笑いながら追いかけている。

原則を学ぶ

不安な時、誰かに接近することで安心感を回復したい――愛着の絆

　美咲先生のように、つらい時に友人から抱きしめられたら、言葉にできないほどの安心感を覚えることでしょう。

　危機に陥ると、誰もが不安や恐れの気持ちを感じます。その時、人は自分がよく知っている誰かに（何かに）接近する（くっつく）ことで、安心感を回復しようとします。こうした心理的傾向を「愛着（アタッチメント）」と呼びます。

　私たちがスキンシップを求めるのは、心の奥に愛着への欲求――特別な人に守ってほしい、安心感を回復したいという気持ちがあるからです。

愛着の絆を作れない場合、将来、問題を抱える可能性が高い

　専門家は、愛着の絆が作れない場合、子どもたちが将来、不安障がい、アルコールや薬物への依存、摂食障がい、虐待、ネグレクト、離婚、家庭崩壊、非行、犯罪等、多くの問題を抱える可能性が高いと指摘しています。

　アルコール依存で苦しむ男性は「幼い頃、親から、言葉でもスキンシップでも、愛情というものを示されたことがない」と語ってくれました。話を聴きながら、愛着の傷を引きずって生きてきたつらさを感じました。今や愛着は、特定の悲惨な子どもだけの問題ではなく、すべての子どもと大人が関心をもつべき重要な課題です。

スキンシップによって愛着の絆を作り、問題から人々を守る

　こうした問題への最も有効な予防策が、スキンシップです。子どもたちの求めに応じて、抱っこやおんぶ等のスキンシップを繰り返しすることで、愛着への欲求が満たされ、特別な絆で結ばれます。この絆は「安全基地」の役割を果たし、「守られている」という安心感を与え続けます。皆さんのスキンシップが、子どもたちを問題から守るのです。この愛着は、いったん出来上がると自己肯定感の土台となり、幸せに生きるための力となります。

　不思議なことに、大人が子どもを抱っこする時、大人も、子どもから抱っこされている心地よさを感じます。そう考えると、彼らのスキンシップによって私たちも守られているのかもしれませんね。

継続した、特別な人との安定した関係が重要

愛着の絆は、継続した特別な存在との安定した関係により生まれます。つまり、一定期間継続して同じ人が親密にかかわることで、効果があるのです。そのため、ある園では育児担当制を取り入れ、できるだけ家庭に近い環境に近づけ、安定した愛着の絆をもたらそうとしています。最近は親が上手に愛着の絆を作れていないケースが増えているため、保育者の行うスキンシップがより重要になっています。

大人にとってもスキンシップは重要

美咲先生は、友人から思いきり抱きしめられて、悲しみを癒し、安心感を回復することができました。大人に対しては、例えば握手をしたり肩に触れることで関心を示すことができます。こうした小さなスキンシップでも愛着の絆は強まり、自己肯定感が高まります。

最近は、スキンシップを十分に受けてこなかったために、愛着の傷を抱える大人も増えています。彼らは今も、基本的な安心感の源を探し続けています。

ある保育者は、子どもとのスキンシップが苦手だと気づきました。彼女は自分と向き合う中で、心に愛着の傷があることを理解しました。この時、美咲先生は彼女の心の支え（安全基地）となり、励まし続けました。子どもたちのもつ特別な癒しの力にも助けられ、この保育者は生まれて初めて、子どもを抱きしめることを心地よいと感じられるようになりました。美咲先生のように、あなたも人々の安全基地となり、愛着の絆を取り戻す助けができるのです。

赤ちゃんらしい表情がない葵ちゃんとのスキンシップ

生後7か月で入園してきた葵ちゃんは、泣いたり微笑んだりという表情がほとんどなかった。空腹でぐずる時に抱っこをしても、身体を反らせて顔をこわばらせている。抱っこではミルクも飲まないため、美咲先生は母親に相談してみた。すると、「一人で寝かせて、哺乳ビンだけ持ってください」と言われ

て驚いたが、試してみるとゴクゴク飲んでいた。美咲先生は、母親に理由を尋ねた。

「元々夫婦仲は良くなかったのですが、家族が増えればうまくいくかもしれないと思い、二人目を出産しました。でも、年子なので大変でした。主人は相変わらず育児に関心がなく、夫婦仲は前よりも悪くなりました」「姉に手がかかり、妹にかまってあげる余裕がありませんでした。抱っこや声かけもあまりしていません。泣いてもそのままで、ミルクも一人で飲めるようにしていました」

母親は疲れた様子でそう話し続けた。

「やはり刺激が足りなかったんだ」。そこで美咲先生は、できるだけスキンシップを心がけた。ミルクを飲ませる時に名前を呼び、視線を合わせることから始めた。そして手を握る、背中をなでる、くすぐる、後ろ抱っこ、正面抱っこができるようにかかわった。

すると、葵ちゃんに少しずつ変化が現れてきた。気持ちよい体験をすることで安心し、泣いて美咲先生を呼ぶようになった。後追いや人見知りも経験して、守られていること、怖いことがわかるようになり、しっかりとしがみつくようになった。

---

1. 表情のない葵ちゃんを見た時、美咲先生はどう感じただろう。あなたならどう感じるだろうか。
2. 夫婦関係が悪いことは、母親や葵ちゃんにどのような影響を与えただろうか。
3. あなたなら、どのようにこの問題に対応するだろうか。スキンシップによって変化した子どもたちを経験したことがあるだろうか。

スキンシップをまったく受けてこなかった子どもたちを見るのはつらいことです。彼らの表情には変化がなく、刺激に反応せず、心地よさを感じていません。美咲先生は、驚きと困惑でいっぱいになりました。事情を探ると、夫婦関係の悪化、疲弊した母親の姿が見えてきました。

美咲先生は、スキンシップを増やしていくことで、葵ちゃ

んと母親をサポートしようと決めました。彼女の行ったスキンシップは小さなことの繰り返しですが、一定期間継続したことで、効果が現れました。こうしたかかわりで変化する子どもたちを見ると、「何気ない抱っこやおんぶがこんなに大切なことだったのか」と強く感じることでしょう。

小さな実践

なかなか近寄れず、逃げていくことが多かった美夏ちゃん（2歳）

　目と目が合ったら「ニッコリ」を続けてみました。すると、気にかけてくれるようになりました。次に「おはよう」「バイバイ」と声をかけてみました。特に反応は求めませんでしたが、繰り返すうちに、笑って会話ができるようになりました。頭や背中をなでたり、手遊びでくすぐっても、拒否する様子はありませんでした。

　仲良しになってくると、保育者の膝に後ろ向きに座るようになりました。ためらったり顔色をうかがうことをせずに、自分からストンと座ります。しかし、顔と顔は合わせません。両手で抱っこしても逃げることがなかったので、信頼関係ができつつあると感じました。

　その後、目と目が合った時に「おいで」と呼ぶと来るようになり、そのまま正面抱きができました。ぎゅっと力を入れても嫌がらないので、くすぐったり歌いながらゆらゆら揺れたりして、気持ちよい体験を続けました。

恥ずかしさがみられる場合

　「じゃんけんで負けたら10秒くすぐる」「罰ゲームで抱きしめる」等、遊び感覚でやってみました。恥ずかしさやかっこ悪いという気持ちをあまりもちませんでした。それでも嫌がる時には、おんぶで騎馬戦をするなど、競争を取り入れてみました。

　赤ちゃんに抱っこをせがまれた男児は、まるで自分が抱っこしてもらったみたいだと話してくれました。

　保育者がだだをこねて「抱っこして〜」と言ったり、赤ちゃん役で「ばぶー」と泣いたりすると、最初は戸惑っていても、パパやママになりきってお世話をしてくれました。遊びに取り入れることで緊張感や抵抗がなくなり、いろいろなスキンシップを経験でき

ました。

 あなたが実践してみたいことを書き込んでみよう
....
....
....

　愛着の絆を作るためのスキンシップは、とても大切です。あなたが抱っこをするとき、それは単に小さな子どもを抱いているだけではありません。その子の先に続く、幾世代もの人々を抱きしめていることになります。あなたが日々手を握ったり、小さく背中をさることは、その子が一生向き合っていくべき自己肯定感の土台となるのです。

20 自己イメージを高める輝くコトバ
―セルフ・エスティーム

裕子先生

輝くコトバで褒められ、認められると、私たちの心は広がり、自分が信頼され、励まされていると感じます。自信は深まり、自分に良いイメージをもてるようになります。輝くコトバにはどのような力があるのでしょうか。

Storyを分かち合う

　子どもの頃、裕子先生は逆上がりが苦手で、どんなにがんばってもできなかった。そこで、「一緒にがんばろう」と先生に声をかけられ、放課後一緒に練習をした。勇気を出して思いきり足で地面をけり上げ、身体を押し上げた時、景色が「ぐるり」と回った。
　「できた！」その瞬間、隣にいた先生が大声で叫んだ。
　「裕子、すごいぞ！　いいか、絶対に忘れるな。今日お前は世界で一番すばらしいことをやり遂げたんだよ」
　長い年月が過ぎたが、今でも園庭の鉄棒を見るたびに、先生からかけられた言葉を思い出し、幸せな気持ちになる。
　「今日お前は世界で一番すばらしいことをやり遂げたんだよ」

原則を学ぶ

輝くコトバは、自己イメージを高め、安定した自己肯定感をもたらす

　輝くコトバとは、肯定的なメッセージを与えてくれる言葉や態度を指します。褒めて

もらった言葉、かけてもらった笑顔、温かな励まし等、いずれも輝くコトバです。

裕子先生は遠い昔、先生からかけてもらった温かなコトバを思い出し、幸せな気持ちになりました。それは、このコトバが自己イメージを高め、自己肯定感を安定させたからです。

自己イメージとは、「自分がどのような人間なのか？」に対する自己認識

「あなたはどのような人ですか」と聞かれたら、どんな自分の像が頭に浮かびますか。

積極的、消極的、楽しい、それとも厳しい……。自己イメージとは、自分の能力や性格、特徴等を、自分自身がどうみているかということです。

富や名声、知性、ルックスのすべてをもち合わせている人でも否定的な自己イメージをもつ人がいる一方、悲惨な人生を歩んできた人でも肯定的な自己イメージをもつ人がいます。

自己イメージは、経験に対する自分や周りの評価によって刻まれる

裕子先生は幼い頃、何かをするたびに、親から「優しい子だね。ありがとう」と言われたそうです。そうした評価が徐々に自己イメージに刻まれ、「私は優しい性格だ」と思えるようになりました。もし「お前は冷たい奴だ」と言われ続けたら、そう思い込んだかもしれません。

小さい頃から今まで、あなたは家庭、学校、職場において、たくさんの出来事を経験しました。その中には、自信をもった、あるいは落胆してしまった出来事があったでしょう。その一つひとつが、あなたや周りの人々にどう解釈、評価されたのかによって自己イメージが刻まれてきたのです。

コトバは、自己イメージの形成に強い影響を与える

私たちが受け取る他者からのコトバは、称賛であれ批判であれ、感情を伴うイメージとして脳に蓄積され、自己イメージの形成に強い影響を与えます。

もしコトバが肯定的であれば、肯定的な自己イメージにつながり、私たちを励まします。逆上がりで成功した出来事は、「世界で一番すばらしい」という称賛のコトバにより、肯定的なイメージとして脳に刻まれ、裕子先生に自信を与えました。

　しかしあの時、「何だ、やっとできたのか？　お前がクラスで最後じゃないか」と否定的なコトバを浴びていたら、否定的な自己イメージとして刻まれたことでしょう。そうなると「鉄棒を見るたびに思い出す…私がクラスで最後だった」と、傷ついた経験に生涯苦しんだかもしれません。

　同じ成功した出来事でも、その後にかけられたコトバにより、自己イメージへの影響が大きく異なります。ですから、周りの人々（特に子どもたち）に輝くコトバで接することはとても大切なことなのです。

輝くコトバは、人々に大きな力を与える

　現代には、輝くコトバが不足しています。特に子どもたちは、いたるところで否定的な出来事を経験しているので、傷つき、自信を失っています。そのような子どもたちにとって、輝くコトバはその日を生き抜く糧であり、失った自信を取り戻す力となります。

　お絵かきの時間、浩平君はキョロキョロといつも周りを気にしていました。裕子先生は「この子はいつも他の子と比べられてきたのかな」と感じたので、「好きな絵を描いてごらん」と優しく伝えました。

　すると浩平君は、全部真っ赤な絵を描き始めました。その絵を「とてもきれいだね」と褒めると、嬉しそうに、続けて同じ絵を描いてくれました。それをきっかけに、浩平君は自分らしい絵を描くように変わってきました。ほんの少しの輝くコトバで、子どもは肯定的な自己イメージをもち、自信を得ることができるのです。

 あなたが気づいた「大切なこと」を書きとめよう

事例と演習 スマホ依存の母親

　登園する間、母親はずっとスマホをいじっていた。和君が話しかけても顔を向けることはなかった。朝のあいさつにも無言、お知らせの説明にも「はぁ…」と小さく返事をするものの、視線を合わせない。和君は母親のことを名前で呼んでいるなど、親子らしい関係はあまり感じられなかった。「今時の親なの？　心配だ…」と、裕子先生はとても気になっていた。

　ある日、街で買い物をする和君親子を見かけた。泣いている和君に、母親は「抱っこする？」と話しかけていた。園では見たことのない姿だった。「何か糸口があるかもしれない」と裕子先生は感じた。

　ちょうどその頃、母親が学生時代、不登校から引きこもっていたことを知った。「教師や親、大人たちに傷つけられたのだろうか。スマホだけが唯一つながる世界なのかもしれない。でも、私たちの世界にもつながってほしい」。裕子先生は、母親にも届くかかわりを考えた。

　そこで翌日から、お迎えの時には「変顔で赤ちゃんをあやしてたよ」「私がうそ泣きしたら、こちょこちょしてくれたよ」と、必ず楽しいエピソードを母親に伝えた。

　母親からの言葉は聞かれなくても、裕子先生は笑顔でかかわりを続けた。すると次第に、チラチラと目が合うようになった。

　時々、「きれいな爪だね〜、キラキラネイルいいな」「ママは足がすらりで羨ましい〜」等、さりげなく母親にも声をかけた。和君に対しては「ママとお菓子買ったの？」「ママのお化粧かわいいね」と、できるだけ「ママ」という言葉で話しかけた。

　子どもが入園しなければ、スマホ以外の世界とつながるチャンスはなかったかもしれない。和君を通して、園とつながっている実感をもってほしいと思った。

　少しずつ、母親は嬉しそうな表情を見せるようになった。「ママのまつ毛取

れるよ〜」と和君が言った時、母親は初めて声を出して笑った。裕子先生もつられて大笑いした。同じ世界にいると感じた瞬間だった。

連絡ノートには、和君が話してくれたママの話を取り上げた。裕子先生は「和君はママが大好きなんですね」と必ず書き添えた。

---

1. 母親のスマホいじりを、裕子先生はどうして心配したのだろうか。特にどんな弊害を心配したのだろう。
2. 裕子先生は「スマホをやめて！」と直接非難するよりも、別の方法が効果的だと考えた。それはどういう方法だろうか。
3. 裕子先生は、「ママ」という言葉を意図的に使っているが、それはどうしてだと思うか。

子どもにとって、お母さんのスマホいじりは見慣れたことで、特に今不満を爆発させることはないかもしれません。しかし将来的には、母子間での基本的な信頼関係が妨げられ、安定した自己肯定感を得られない可能性があります。

裕子先生は、この母親のことを深く考え、直接注意するよりは、スマホ以外の世界があることを知らせ、人々とつながることの心地よさを感じてもらいたいと望みました。そこで、輝くコトバにより子どもや母親を称賛し、会話を増やしました。また、「ママ」を肯定する話題を増やし、子どもの中に母親が存在していることを伝えようとしたのです。これらが、母子の確かな自己イメージにつながっていきました。

皆さんが、普段使っている以下のような輝くコトバは、繰り返すことで、とても効果が出ます。明るく、元気な態度で伝えましょう。

○一緒に遊ぼう　○また会いたいな　○由紀ちゃんのこと、もっと知りたい
○おめでとう　○今日の祐樹はとっても素敵だよ　○私たち仲良しだよね
○一緒にお手伝いできるなんて楽しい　○仲間になってくれてありがとう
○お絵かき上手だね　○みんなのことずっと考えていたんだよ

○あなたと話すのが大好き　○隣に座ってもいい？　○もっと話そうよ
○みんなは先生の自慢だよ　○よくできたね　○今日、会えてうれしかった
○笑顔が最高　○みんなと一緒にいられて楽しい　○沙紀は特別な友達だよ
○あなたのこと教えてくれてありがとう　○いつも助けてくれてありがとう
○素敵な服だね　○お話を聞いてくれてありがとう　○大好き
○また会いたいな　○志保ちゃんのこと考えていたんだよ

　肯定的なコトバは、時にストレートな警告を含む場合もあります。ある保育者は、母親に明快に伝えることで、子どもの自己イメージを守ろうとします。次に示すのは、ストレートな表現の例ですので、温かい声のトーンを心がけましょう。

○スマホより子どもの顔を見ましょう　○お迎えの15分、どうか子どもたちを思いきり抱きしめてください　○授乳する時、スマホをいじりたくなると思うけど、この時間が何より大切です　○目を見て安心させてあげて　○赤ちゃんは、ミルクを飲んでは休み、お母さんの顔を見上げ、安心して、また飲んでは休んで…そうやってお腹と気持ちを満たしていくんだよ　○子どもは自分が大切かどうかを試すために、困った行動をします。何よりも自分のことを見てほしいと望んでいます

小さな実践

みんなで気づくために考えたこと

　物静かな沙織ちゃんは、いつも友だちを優先する受け身な感じでしたが、命令口調やわがままを言う友だちもいたので、気になっていました。そこで担任は、子どもたちと「褒め褒めクイズ」をしました。二人一組になり、相手の良いところを3つ言い合って発表してもらう遊びです。最後は担任がクイズを出しました。
　「いつもスリッパを揃えてくれるのは」「水のみ場を拭いてくれるのは」「みんなの話をよく聞いてくれるのは」答えはすべて「沙織ちゃん」でした。「ありがとうね。先生は一人でもがんばっている沙織ちゃんみたいな人になりたいな」と言うと、子どもたち

も「沙織ちゃんがいないと困っちゃうね」「私も沙織ちゃんになる〜」と声をかけていました。沙織ちゃんはとても嬉しそうな顔をしていました。

ガキ大将の本当の気持ち

担任が「昨日唐揚げ食べたら、歯が痛いよ〜」と泣きそうに話すと、みんなは「歯医者に行けば治るよ」と心配してくれました。「ダメダメ！　先生は歯医者が大嫌い。絶対行かないもん」と、部屋の隅に隠れてみました。すると、ガキ大将的な存在の卓君がなだめにきてくれたのです。

「痛くないよ、注射」「薬だから大丈夫」「一緒に行って手を握ってあげるから」と優しく説得するのです。虫歯の絵本を読んでくれた時には、担任も歯医者に行く約束をしました。子どもたちは、卓君に拍手を送っていました。

「卓君は心配して助けてくれる人なんだね。先生、がんばる力が出てきたよ。みんなも困ったら卓君にお話ししようね」と言うと、卓君は恥ずかしさからか、部屋から走って出て行ってしまいました。

保育園で一言も話さない子どもとの交流

途中入園の由紀ちゃんは、園で過ごす間、一言も話すことがありませんでした。担任や友だちが話しかけますが、声を聞くことはできません。その他は特に困ったことはないので、しばらく見守ることにしました。

そんな時、0歳児との交流保育で、赤ちゃんが由紀ちゃんに近づいてきました。由紀ちゃんは手を握ってあげたり抱っこをしたり、とても上手に遊んでいました。次の日も、同じ赤ちゃんが由紀ちゃんのそばにきました。思わず担任と由紀ちゃんは、目が合ってしまいました。一瞬、距離が縮まったように感じました。

「赤ちゃんはきっと、大好きな人がわかるんだよね」と話しかけると「ふふっ」と笑ったのです。卒園までの短い間、話すことはありませんでしたが、あの赤ちゃんに会う時には目を合わせて話を聞いてくれました。

あなたが実践してみたいことを書き込んでみよう

　輝くコトバをかけることは、決して小さなことではありません。人々が生涯向き合うべき自己イメージを築いているからです。小さな蝶番（ちょうつがい）で大きなドアが開くように、彼らは皆さんから得た肯定的な自己イメージによって、大きな未来を開いていくことでしょう。

21. 仲間と協力する体験・自分だけの役割
―セルフ・エスティーム

桃子先生

あなたはいつも仲間を探しています。彼らはあなたを気にかけ、助けてくれる友だちです。仲間が集まる時、特別なつながりを感じます。しかし、仲間がいなくて孤独な人もいます。どうしたら、人は仲間を得られるのでしょうか。

Storyを分かち合う

大学時代、桃子先生はサークルの新入生歓迎ソフトボール大会に、どんな服装で行こうかみんなで話し合った。いろいろなアイデアがある中で、手作りのTシャツに決めた。とはいっても、真っ白なシャツにクレヨンを使い、手書きで文字を描くだけのシンプルなものだ。最終的に、胸に「Stars !」と書いてくることに決めた。

しかし当日、実行してきたのは、桃子先生と二人の仲間だけだった。それぞれがひどい字だったし、「恥ずかしい！」とみんなからバカにされたが、3人はそのTシャツでプレーした。今でもその頃の写真を見ると、懐かしさがこみ上げてくる。

原則を学ぶ

仲間意識は、自己肯定感の大切な要素

「あなたには仲間がいますか？」と聞かれると、思わず「私の仲間とは誰のことだろう？」と考えます。仲間とは、あなたを理解し助けてくれる友だちのことです。

仲間が集まる時、私たちは「同じチームに属する特別な一員」という誇らしい気持

を感じます。それが仲間意識(帰属意識)です。お揃いのTシャツを作ることも、仲間意識の表れです。そしてこの仲間意識は、自己肯定感の大切な要素となります。

仲間になると、一緒に何かをしたくなる

「どうしたら仲間になれるのだろう?」という問いかけへの答えはシンプルです。それは、一緒に何かをすることです。お揃いのTシャツを着てプレーした経験が、3人を少しだけ仲間に近づけたように、一緒に何かをすることで仲間に近づいていきます。

中学の運動会で、桃子先生はクラス対抗「百足競走」に参加しました。放課後、遅くまで練習したことを覚えています。当日、お互いに足を縛り、肩に手をかけて「イチ・ニー」と声をかけて、ゴールまで必死で走りました。「賞はとれなかったけれど、終わった後、私たちは前よりも少しだけ仲間になっていました」と、先生は懐かしそうに話します。

教室でどんなに長い時間机を並べていても、子どもたちはそれだけで仲間になれるわけではありません。仲間になるためには、一緒に遊んだり走ったり、歌ったり、ともに時間を過ごし、経験を共有する必要があるのです。

不思議なことに、いったん仲間意識が芽生えると、もっと何かを一緒にしたいと思うようになります。一緒に遊んだ子どもたちが「今度また遊ぼうね」と声をかけたり、バザーを一緒にやった保護者たちが「打ち上げをやろうか」と盛り上がることがあります。このように、仲間意識は協働につながり、協働することでさらに仲間意識は強く、強固なものになっていきます。

特別な「自分だけの役割」が大切

一緒に何かをする過程で大切なのは、自分だけの役割があることです。役割は「あなたが必要とされている」という証だからです。

祖母に育てられた勇君は、おとなしく、男の子の遊びに入れてもらえずにいました。勇君は祖母の畑仕事を手伝っているようで、畑の話題になると、生き生きと話します。

そこで保育者は、年長組で行う野菜づくりについて、彼に話してもらうことにしました。子どもたちからのたくさんの質問に答えてくれた勇君は、その日から「野菜先生」と呼ばれるようになり、クラスに溶け込み、自信をもつようになり

ました。こうした自分だけの役割があることで、必要とされていると感じ、仲間意識をもてるようになります。

役割がないことは、「あなたは必要ない！」というメッセージ

逆に、何も役割がないのは「あなたは必要ない」ということと同じです。必要とされないなら、誰でも仲間に加わることを避けるでしょう。

ある保護者は、バザーの準備委員になり、最初の集まりには来てくれました。しかし、特定のお母さん仲間に入れず、一人だけで座っていました。たくさんの役割が生まれましたが、そのたびに特定の人たちが全部引き受けてしまうので、その保護者は何もすることがありません。周りのお母さんたちが楽しそうにおしゃべりしている中、彼女は悲しそうでした。そして、次からは来なくなってしまいました。彼女には役割がなかったので、自分は必要ないと感じたのです。

自分だけの役割を中心にした仲間づくりの循環が、自己肯定感を高める

子どもや保護者が互いに協力することで仲間意識をもてるように、特にその過程で一人ひとりが自分だけの役割をもつように働きかけることが大切です。

右のように、自分だけの役割を中心に据えた、仲間意識と協働の良い循環により、彼らの自己肯定感を高めていきます。

バザーで一人ぼっちだった保護者も、自分だけの役割をもつことで、自己肯定感を高めることができます。彼女は、仲間の一員として協働し、自分だけの大切な役割を繰り返し経験することで、自分の価値を実感できるのです。

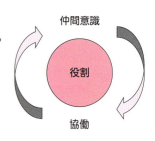

 あなたが気づいた「大切なこと」を書きとめよう

仲間と協力する体験・自分だけの役割

事例と演習　吃音のある篤君のお遊戯会

　篤君は、負けず嫌いでがんばり屋さん。そしてとても優しい。本当は甘えたくても、母親が疲れていると我慢してしまうこともあり、母親もかまってやれないことを気にしていた。
　3歳を過ぎる頃、篤君に吃音が出始めた。優しいからこそ、さまざまな葛藤を敏感に感じたのかもしれない。症状として、話し始めの言葉が出ない。「き〜のう…、マ〜マが…」といった感じだった。からかったり、まねをしたりする友だちもいた。言葉だけの説明や注意をしても、何も変わらなかった。
　桃子先生は、身振り手振りで伝えるクイズを通して、「伝えたいのに伝わらないもどかしさ」をみんなに体験してもらった。「イライラする」「さっさと喋りたい」等の感想があり、それらを篤君のつらい気持ちに近づけようとした。
　子どもの目線で考えられるように「いっぱいお話ししたいよ」という紙芝居も作った。読んだ後には「みんなが感じたことを、篤君だけにこっそり教えてね」と話した。子どもたちと篤君の二人だけの時間を作りたかったからだ。
　自由遊びの時、「喋っても喋らなくても、どっちでもいいじゃん。一緒に遊ぼうよ」と、彩加ちゃんが話しかけていた。桃子先生は、彩加ちゃんをリーダーにして篤君をクラスの中に位置づけていった。
　お互いを認め合う意識ができた頃、発表会について話し合った。劇は「浦島太郎」。配役、衣装、踊り等、できるだけみんなで決めるが、篤君は困った顔をしていた。彩加ちゃんが「篤君は何をやりたいの？」と聞いても、首を振るだけだった。「じゃあ、最後の場面のおじいさんをやってくれない？　私はナレーターをやるから。台詞は一緒に言おうよ」と、篤君を説得していた。
　全体の話し合いでも、みんなは篤君と劇をやりたいし、篤君には彩加ちゃんやみんながいるから大丈夫という意見が聞かれた。何よりも、みんなで劇をやりたいという気持ちの中には、篤君のつらさを感じた子どもたちの思いがあった。そのことを話すと、篤君も引き受けてくれた。

> 当日、台詞は言えなかったが、篤君はナレーターの声に合わせておじいさん役をやりきった。母親はとても嬉しかったようで、何度も褒めていた。篤君も、母親の喜ぶ顔を見てずっとニコニコしていた。

1. 篤君をからかう子どもたちを見た桃子先生は、何を感じたのだろう。あなたなら、どのように対応するだろう。
2. 篤君が、おじいさんの役を引き受けたのはなぜか。何が篤君の心を動かしたのか。
3. 篤君は、本番で自分の役をやり切った。そのことで篤君は何を得たのだろうか。

　子どもたちは、自分と違う子どもに対して感情や言葉を思ったまま表現します。時にはそれが「からかい」になることもあり、保育者を悩ませます。しかし子どもたちには、素直な感性があり、体験から感じ、考える力があることを覚えておきましょう。
　吃音がある子にとって、劇で話すことは考えるだけでも恐ろしいことです。そのため篤君は、最初は避けようとします。しかし、彩加ちゃんが篤君の役割を考え、引き入れようと説得します。彩加ちゃんも周りの子どもたちも、篤君を必要としたのです。そのことが、篤君に怖さを乗り越える勇気を与えました。
　篤君がいなければ劇は完成しなかったし、みんながいなければ篤君も不安で引き受けられませんでした。得意なことや苦手なこと、違いは誰にでもあるけれど、それを受け入れ合いながら仲間になれたことが、すばらしい経験となりました。
　一緒に劇をやった経験から、みんなの仲間になれた篤君は、また一緒に何かをやりたいと願うことでしょう。このように、自分だけの役割を大切にしながら、仲間意識、そして協働が循環していくことで、自己肯定感が高まっていくのです。

小さな実践

仲間づくりの「素材」を見つける

　おしゃべりが苦手な友理奈ちゃんに「先生、元気が出ないんだけど、聞いてくれる？」と話しかけてみました。大事な手紙を忘れて失敗したことを話すと、真剣な表情で聞いてくれました。そして、しばらくうつむいた後に「泣かなかった？」と言いました。
　これは、普段口数の少ない友理奈ちゃんの、精いっぱいの気持ちが込められた言葉で

した。何気ない会話の中にも、本人のもつ「素材」を見つけることができます。友理奈ちゃんには、優しさや思いやりという素材があることを知りました。

　周平君とは、サッカー遊びで喧嘩(けんか)になりました。先生も周平君も真剣。仲間として認め合っているからこそ、遠慮なく言い合いました。結局、先生チームの勘違いだったことがわかったので謝り、仲直りをしました。周平君には正義感や強さといった素材を見つけることができました。

　このような素材を仲間と協力するために役立てることができます。

見つけた素材を、保育の中でダイナミックに活用してみる

　「実験に使う葉っぱが見つからなかった。どうしよう」と、子どもたちに助けを求めてみました。「約束したのに」「みんなで準備すれば大丈夫だよ」といった怒りや不満、慰めなど、反応はバラバラでした。こんな状態から子どもたちに任せてみました。

　リーダー的な隼人君はアイデアを提案し、サブ的な4、5人の子どもは、話を聞くように促したり、不満が残っている子を盛り上げたりしました。発言しない子も見守る姿勢が見えたり、全員参加の気持ちが伝わってきました。そして「先生、公園に葉っぱ拾いに行こうよ。明日は実験できる？」と、みんなで決めたことを伝えにきてくれました。一人ずつの素材が集団の力になっていくことを実感しました。

　自分たちで先生を助けた経験は、仲間同士の関係を強くしてくれました。

 あなたが実践してみたいことを書き込んでみよう

....
....
....

　仲間ほど大切なものはありません。あなたのかかわる子どもたちが、大切な仲間を得られるように助けてあげてください。彼らだけの役割を見つけ、「あなたが必要だ」と言ってあげてください。たった一人の仲間の存在が、人生を変えることもあるのです。

22. グループでの目標と努力・達成感

——グループワーク

真由美先生

グループの一員としてみんなで努力して、目標を追いかけた時のことを覚えています。目標をなしとげた時、喜びと達成感がありました。どうしたら、あのようなすばらしい気持ちを味わうことができるのでしょうか。

Storyを分かち合う

真由美先生は、子どもの部活動の応援で感じた特別な気持ちを話してくれた。
「お母さん、僕らは優勝するよ！」
やる気満々で迎えた中学バレーボール大会の新人戦。真新しいユニフォームの息子たち6人がコートに立った。みんな緊張している。ホイッスルの合図で、相手選手がサーブしたボールがコートに入ってきた。その時、前の選手がボールをよけたので、それが息子の顔面にぶつかり、倒れて膝をついた。「すごい試合になるな…」と感じた。事実、すごい試合となり、敗退したことで息子は意気消沈した。しかしそれからが特訓の日々だった。

月日は流れ、引退試合を迎えた。コートにはよれよれのユニフォームを着た選手らがいた。保護者の不安をよそにチームは勝ち進み、準決勝で強豪チームと厳しい戦いとなった。リードを許し、もうだめかと思った時、監督はタイムをとり、円陣を組んで気持ちを一つにした。そして奇跡的に逆転したのだった。

決勝では惜しくも敗れた。しかし、一列に並び泣きながら「ありがとうございました！」と頭を下げる息子たちを見て、胸が熱くなった。みんなで一緒に同じ目標を追いかけた者だけが感じたあの特別な気持ちを、息子は今も大切にしている。

原則を学ぶ

グループが目標に向けて努力する時、大きな達成感を得る

　もしあなたがこれまでに、スポーツや音楽、ダンス等のグループに属したことがあれば、みんなで目標に向けて努力した懐かしい日々を思い出すでしょう。もちろん一人だけでも、努力するならば充実感につながります。しかしグループでの経験は特別なものです。グループには、メンバー一人ひとりの力をまとめ、一致して目標に向かわせ、達成感をもたらす不思議な力があるからです。

　みなさんも保育者として、グループを導く機会があるでしょう。運動会やお遊戯会、バザー、遠足等で、子どもや保護者はグループになり、さまざまな準備をします。彼らと一緒に目標に向けて努力することで、大きな達成感を分かち合うことができます。この達成感が、自己肯定感を強めてくれるのです。

一人はみんなのために、みんなは一人のために──One For All, All For One

　この有名なラグビーの名言は、グループが何のためにあるのか、メンバーにどんな役割があるのかを教えてくれます。メンバーは、グループ全体を支えるために働き、そしてグループ全体は、メンバー一人を支えるために努力します。このようなグループの精神があると、自分が必要とされているという強い気持ちを感じます。この言葉を園で行うグループのモットーにしましょう。

　一人がみんなのために、みんなが一人のために働こうとするとき、メンバー同士がぶつかり合ったり、避け合ったり、絡み合うさまざまな人間模様が生まれ、**グループダイナミクス**という不思議な力が起こります。みなさんは、この力を感じたことがあるでしょう。

> **グループダイナミクス**
> メンバー同士が絡み合う人間模様

　優香ちゃんとあかねちゃんが集まるとグループ全体がとっても明るくなる、友樹君と卓也君の喧嘩が始まるとグループ全体の元気がなくなってしまう……皆さんは、この不思議な力をよく知り、上手に追い風としながら、メンバーを目標に向かって前進させる

のです。

「目標」は、グループになくてはならないもの

聞き慣れた言葉であっても、「目標」の大切さは色あせていません。真由美先生の息子のバレーチームにも、目標がありました。だからこそ、つらい練習にも耐え、勝ち続けることができたのです。そうした目標がなかったら、きっと集まる意味すら見失ったことでしょう。グループは、目標を共有するために集まっているのです。

グループでは、メンバー一人ひとりに目標があり、全員で同じ目標を共有します。もしあなたが責任をもつグループが一致しない場合、「私たちには確かな目標があるのか」と問いかけてみるとよいでしょう。

真由美先生は、バザーの保護者グループで、お互いのあら探しが多いことに気づきました。そこでバザーの経験者を招き、どのように目標を達成したのか話してもらいました。それが刺激となり、グループははっきりとした目標をもてるようになり、一致してそれぞれの力を目標のために注ぎました。その結果、すばらしい達成感につながったのです。

表と裏の目標のバランスをとる

グループには、見えやすい「表の目標」と、見えにくい「裏の目標」が存在します。「クラスが運動会で優勝する」のはわかりやすい表の目標ですが、その裏には「あきらめないこと」「仲間を信頼すること」等、人としての心の成長があります。

目標は、表と裏、どちらも大切です。表だけを追い求めすぎると結果がすべてとなり、一人ひとりの成長や発達に必要な機会を見失います。裏だけを大切にすると達成感が低く、グループがつまらなくなります。

真由美先生は、表と裏の目標のバランスをうまくとりながら、結果と成長の両方を考えます。園児たちの音楽フェスティバルで、生まれつき右目の見えない涼君が「ピアノを弾きたい」と希望しました。そこで先生は、クラスで話し合いを行いました。園児たちは、涼君の希望を叶えること、そしてみんなで全力を尽くして楽しく演奏することを目標としました。たくさん練習して迎えた本番、みんなとても緊張しましたが、涼君もみんなも楽しく演奏できました。この経験によって、涼君だけでなく、園児一人ひとりが成長できた

と感じたのです。

達成感をタイミングよく分かち合うと、自己肯定感が強まる

　グループ活動の最後は、タイミングよく、思いきり達成感を分かち合いましょう。後回しにせず、感じたときにすぐ分かち合うのがコツです。

　真由美先生は、娘がリレーの選手になり、応援したことを思い出します。一走目のランナーがスタートを切り、懸命に走り、そのバトンは二走目に受け継がれます。その間、順位が入れ替わり、抜かれたり追いついたりしながら、バトンがアンカーに渡ります。最後にゴールまでたどり着いた瞬間、一緒に走った子どもたちが抱き合い、喜びました。

　この瞬間にしか感じられない特別な気持ちがあります。一緒に努力したメンバーだからこそ、その気持ちを分かち合いたいのです。そして、その特別な気持ちが、一人ひとりの自己肯定感を強めます。

あなたが気づいた「大切なこと」を書きとめよう

事例と演習　年長組の山登り体験

　テーマは「強い身体と強い心」。出発前に、何をがんばりたいのかを「自分との約束」として書き、お守りとして持っていくことをみんなで決めた。それから「身体を動かすことが好きな子と苦手な子」「何でも頼る気力のない子」「言葉は強気だが諦めやすい子」と、個性が偏らないように３つのグループに分かれて出発した。

　途中まではロープウェーに乗っていくが、この時はまだはしゃいで元気いっ

ぱい。やんちゃな壮真君は、列を追い越したり、足の筋肉自慢をしたりと興奮気味。案の定、1時間ほど歩くと疲れて不機嫌になり、友だちに八つ当たりをしていた。

　あるグループでは虫の話で盛り上がり、普段はおとなしい直樹君が、カブトムシ博士のように詳しく話し、園では見られない姿を知ることができた。

　次第に足取りが重くなってくると、「帰りたい」と言い出したり、友だち同士の口喧嘩も多くなってきた。真由美先生は、休憩をとってみんなを集めて、「がんばる約束のことを、みんなにも教えてね」と、お守りとして書いた紙を取り出し、声に出して読んでもらった。

　「友だちと一緒に登りたい」「お母さんにきれいな葉っぱをおみやげにする」「ヤッホーと10回叫ぶ」

　子どもたちは約束を思い出すと、見違えるように元気になった。「先生だって苦しいけど、みんなと一緒に登りたい。パワーちょうだいね」と話すと、引き締まった表情に変わった。

　途中、遅れそうな友だちに「がんばれ！」とはげます声が聞こえた。「約束はみんなの力で果たすんだ」という強い気持ちが伝わってきた。

　ようやくゴールまでたどり着いた時、歓声が上がり、「約束はどうだった？」等、子どもたちの会話が聞こえてきた。

　真由美先生が「みんなありがとうね〜」と叫ぶと、翔太君とかんなちゃんも「ありがとう〜」と叫んだ。みんなの力で約束を達成することができ、子どもたちには嬉しさがあふれていた。

---

1. 真由美先生が、参加した子どもたちに「自分との約束」を決めるようにしたのはなぜか。
2. 疲れのみえる子どもたちに、真由美先生は何をしたか。その後、子どもたちが元気になったのはどうしてだろう。
3. ゴールに着いた時、子どもたちはどのような気持ちになったか。そこから、子どもたちは何を得たのだろう。

当初、子どもたちは各自、自分との約束（目標）を決めました。それは「きれいな葉っぱを集めること」や「ヤッホーと叫ぶこと」だったかもしれません。その約束（目標）は些細なものでしたが、後で力となります。それは、自分で決めた目標だったからです。

　その後、予想どおり子どもたちは、苦労を体験します。互いの喧嘩も多くなります。その時、自分との約束（目標）が力を与えてくれました。この約束を考えて歩くことで、つらい山登りに耐える力が与えられました。子どもたちは他の子の約束にも関心を寄せ、最終的には「約束はみんなの力で果たす」というグループ全体の目標に向かって努力しました。

　こうした目標の力に背中を押され、ゴールにたどり着いたとき、大きな喜びと達成感を経験しました。その時感じた気持ちこそ、一人ひとりの自己肯定感を強めてくれる大切なものだったのです。

小さな実践

子どもたちの大好きなクイズラリーをすることに

　保育室やホール、園庭などに隠された用紙を探し、指示に従ったり、クイズを解いたりするゲーム大会です。先生たちは正解のスタンプを押すので、参加しません。子どもたちが仲間と協力してゴールを目指します。

　優勝したグループは、先生たちとドッジボール対決ができるので、みんな張り切っていました。「空き缶を10個積み上げる」「7月生まれの友だちの名前を言う」「"く"のつくものを全員1つ持ってくる」等、内容はさまざまでした。クリアするためには、文句を言っている時間はありません。空き缶を押さえたり、わからないことは仲間に教えてもらったり、チームワークが勝負のカギになるのです。失敗をしても励まし、元気づける団結力は、普段は見ることのない姿でした。同じ目標に向かうからこそ、気持ちを1つにできるのです。

　優勝したグループは、飛び跳ねて喜んでいました。優勝できなかった雛ちゃんも、「みんなでクリアした時は気持ちよかった」と話してくれました。それぞれに達成感を感じている笑顔が印象的でした。

スポーツ大会が近づいてきた。5種目をリレー式で競う

　まず徒競走から始まり、うんてい、跳び箱、鉄棒、最後が縄跳び走です。みんな得意な種目を選んで、作戦を立てました。しかし、Cグループだけはいつまでたっても決まりません。みんな縄跳び走になりたくないようで、じゃんけんになりました。負けた優君に決まりましたが「最悪だー！　負けても知らないからな」と、ふてくされてしまいました。

　次の日、同じグループの正美君が優君を練習に誘いました。正美君は優君の一番の仲良しなので、気になっていたようでした。苦手な種目でも、正美君の誘いには素直に応じ、がんばるようになりました。そのうち、グループのメンバー全員が一緒に練習するようになり、気持ちも1つになっていきました。

　大会当日は、どのグループも優勝トロフィーを狙って気合いが入っていました。徒競走からスタートして、いよいよ最後の縄跳び走になりました。優君は真剣です。わずかな差で優勝は逃しましたが、やりきった表情はとても晴れやかでした。メンバーも、優君のがんばりを自分のことのように喜んでいました。

 あなたが実践してみたいことを書き込んでみよう

　グループで同じ目標を追いかけ、達成感を分かち合うことで、自己肯定感が強まります。あきらめそうになった時は、みんなで一緒にがんばったことを思い出しましょう。その体験が、その後の彼らの人生を支えていく大切な宝物となるのです。

コラム5 「先生がいてくれてよかった」

望愛ちゃんの母親は、妊娠中に離婚し、出産後は実家にもどりました。働きながら資格をとりたいとがんばる母親を、保育者たちも応援していました。しかし実家では「『家の恥』と言われ、肩身の狭い思いをしている…親に甘えられない…子育てがわからない」と、いつもうつむいていました。

担任は毎日、連絡ノートに望愛ちゃんの様子を細かく伝えました。

「歯が生えたこと」

「一歩歩いたこと」

何でも一緒に喜び、母親の悩みも聞きながら、望愛ちゃんの成長を見守りました。

やがて、再婚して実家を出ることになり、幸せな生活が始まったことを嬉しく思っていました。やっと苦労が報われたと思いました。それなのに、再婚相手が交通事故で亡くなったのです。望愛ちゃんはまだ小学生になったばかりでした。

その後、会うことも話すこともありませんでしたが、中学校の入学式の後、制服を見せに来てくれました。その時母親は、「失ってばかりで、幸せになってはいけないんだと、絶望的な気持ちでいた時、望愛が保育園にいた時を思い出していました」と話してくれました。

「あの時は孤独だった。でも先生がいつもそばにいてくれた。たくさんの言葉をくれた。思いをくれた。一緒に望愛を育ててくれた」

「つらいのに、楽しかったことばかり思い出していました。今もつらい。でもあの時を思い出すと、私はいつも一人じゃなかったと強い気持ちになれるんです。私には先生がいてくれたから…」

「つらいけど、悲しいけど、また歩き出せると思う」そう話してくれました。

おわりに

　本書の構想から執筆までの道程は、険しいものでした。まず、企画に数年かかりました。この間、川村は、何度も倉内のもとに通い、保育実践に耳を傾け、「保育者の求めるものは何だろう？」と自問自答の日々でした。そうして出来上がった企画もすんなりとは通りませんでした。そこであきらめずに、本書の必要性を訴え続けたことを思い起こします。

　執筆が始まり、川村は、倉内から保育実践のヒアリングを続けました。さまざまな出来事を聴き取り、保育者たちの奮闘する様子に何度も勇気をもらいました。彼らのすばらしい実践をどのような形で紹介するのか。新しい理論やアプローチを、事例と絡めてどう取り上げるのか。どうしたら演習形式になるのか。限られた頁数で、実践に必要なエッセンスをどこまでシンプルに描き出せるのか。こうしたチャレンジが長期間続きました。

　今振り返って、途中で投げ出さなかったのは、私たちがただ１つのことだけを願っていたからだと思います。それは「最善を尽くしている保育者を、心から称賛し、励ましたい」という純粋な願いでした。

　こうして執筆も終わりに近づき、本書を届けられることに、私たちは安堵と感謝の気持ちを感じています。特に、これまでの困難な時期を支えてくれた家族や友人たちに心から感謝しています。彼らは、忙しく時間のない私たちをいつも励まし、くじけそうな心を温めてくれました。

　また、本書の趣旨を理解くださり、世に出すために尽力してくださった中央法規出版に心からのお礼を申し上げます。

2017年3月

　　　　　　　　　　　　　　　　　　　　執筆者　川村隆彦、倉内惠里子

● 著者紹介 ●

川村隆彦（かわむら　たかひこ）
ニューヨーク州立大学大学院を経て、現在、神奈川県立保健福祉大学所属。主著書『支援者が成長するための50の原則』『ソーシャルワーカーの力量を高める理論・アプローチ』（中央法規出版）等がある。子どもの自己肯定感を高める方法を研究、開発してきた。

倉内惠里子（くらうち　えりこ）
保育士、幼稚園教諭として20年以上勤務してきた。保育心理士、家族相談士としても活動している。東日本大震災での経験から、子どもや家族、地域などの絆、繋がりをより深く考え、保育者だからできる支援を考えている。

保育者だからできるソーシャルワーク
子どもと家族に寄り添うための22のアプローチ

2017年4月1日　初　版　発　行
2022年11月10日　初版第2刷発行

著　　者	川村隆彦・倉内惠里子
発 行 者	荘村明彦
発 行 所	中央法規出版株式会社
	〒110-0016　東京都台東区台東3-29-1　中央法規ビル
	Tel 03(6387)3196
	https://www.chuohoki.co.jp/
印 刷 所	西濃印刷株式会社
装　　丁	はせまみ
イラスト	min

定価はカバーに表示してあります。
ISBN978-4-8058-5480-8

本書のコピー、スキャン、デジタル化等の無断複製は、著作権法上での例外を除き禁じられています。また、本書を代行業者等の第三者に依頼してコピー、スキャン、デジタル化することは、たとえ個人や家庭内での利用であっても著作権法違反です。
落丁本・乱丁本はお取替えいたします。
本書の内容に関するご質問については、下記URLから「お問い合わせフォーム」にご入力いただきますようお願いいたします。
https://www.chuohoki.co.jp/contact/